INSTRUCTION

À L'USAGE

DES BUREAUX MUNICIPAUX.

MINISTÈRE DE L'INTÉRIEUR.

ADMINISTRATION DES LIGNES TÉLÉGRAPHIQUES.

INSTRUCTION

À L'USAGE

DES BUREAUX MUNICIPAUX.

PARIS.

IMPRIMERIE NATIONALE.

JUILLET 1873.

INSTRUCTION

À L'USAGE DES BUREAUX MUNICIPAUX.

I.

DURÉE DU SERVICE.

Art. 1er. Les bureaux municipaux sont ouverts : es jours non fériés, de 9 heures du matin à midi et e 2 à 7 heures du soir;

Les dimanches et jours fériés, de 8 heures et demie 9 heures et demie du matin, et de 5 à 6 heures u soir.

Ces heures d'ouverture et de fermeture doivent être fichées à la porte de chaque bureau.

Il est d'ailleurs entendu qu'en dehors de ces limites employé municipal peut appeler son correspondant, ce dernier a un service plus étendu, et lui trans- iettre les télégrammes qui auraient été acceptés pen- int les heures de clôture.

Tous les matins la pendule doit être réglée sur ieure du bureau de l'État, qui reçoit lui-même ieure de Paris.

L'employé, quelles que soient ses occupations à

l'ouverture, devra s'astreindre à entrer dans le circuit, ne fût-ce que le temps d'échanger quelques signaux avec le bureau correspondant. Celui-ci se trouvera ainsi en mesure de constater l'état du fil et ne sera pas exposé à attribuer à un dérangement de ligne ou de poste une non-réponse qui pourrait donner lieu à un déplacement inutile d'agents de la surveillance ou du contrôle.

Transmission des dépêches avant la clôture.

2. Les bureaux ne peuvent se retirer qu'après avoir reçu clôture du bureau de l'État correspondant, et après avoir transmis ou reçu les dépêches déposées ou annoncées avant l'heure de fermeture réglementaire.

II.

DÉPÔT ET ENREGISTREMENT DES DÉPÊCHES PRIVÉES.

Dépôt des dépêches.

3. Les dépêches déposées par le public doivent être écrites lisiblement, en caractères usités en France. — Elles doivent comprendre :

1° En tête, l'adresse du destinataire;

2° Le texte;

3° Le nom de l'expéditeur ou sa signature lisible.

Signature de l'expéditeur.

Cette signature peut être représentée par un prénom, pourvu que le nom soit joint à l'indication du domicile, qui doit être exigée dans tous les cas sur la minute de la dépêche. (Cette dernière indication n'entre dans le compte des mots soumis à la taxe que si l'expéditeur en demande la transmission.)

Les éléments essentiels de l'adresse d'une dépêche sont :

Adresse
du destinataire.

1° Le nom du destinataire écrit en toutes lettres; il ne peut dans aucun cas être remplacé ni par des initiales ni par des lettres conventionnelles; les indications complémentaires relatives aux titres ou prénoms peuvent être exprimées par une initiale ou une abréviation, par exemple : Cte de Gueydon, — P. Lagarde, etc.;

2° L'indication précise du lieu d'arrivée, sans confusion possible, d'où résulte pour l'expéditeur l'obligation de faire connaître la commune, le canton ou l'arrondissement, s'il s'agit d'un hameau ou d'une habitation isolée, et d'accompagner d'un renseignement complémentaire les **noms géographiques communs à plusieurs localités.**

On refuserait donc toute dépêche dont l'adresse serait libellée comme il suit :

M. N. B., bureau restant, Bordeaux;
Piloux, ferme des Charmettes;
M. Giraud, Clermont;
Dupuis, Vienne.

Mais sous une des formes suivantes, l'adresse serait régulière et la dépêche acceptée :

M. N. Bernard, bureau restant, Bordeaux;
Piloux, ferme des Charmettes, arrondissement de Meaux;
M. Giraud, Clermont (Oise);

Dupuis, Vienne (Isère).

La qualité du destinataire tient lieu de son nom toutes les fois qu'elle précise, sans doute possible pour le bureau d'arrivée, la personne à qui la dépêche est adressée. Par exemple : Syndic des agents de change, Paris; — Général de division, Rennes; — Préfet, Marseille, etc. Mais elle serait évidemment insuffisante dans les cas suivants : Agent de change, Lyon; — Commissaire de police, Paris; etc.

Le nom seul du destinataire ne suffit pas, sans doute, dans le plus grand nombre des cas, pour assurer la remise de la dépêche; toutefois il importe de remarquer que le bureau de départ, n'ayant pas les éléments nécessaires pour apprécier la notoriété du destinataire, ne saurait être fondé à refuser une dépêche dont l'adresse se bornerait aux indications essentielles mentionnées ci-dessus. Si la dépêche est présentée dans ces conditions, on informera l'expéditeur qu'elle n'est acceptée que sous toutes réserves et que l'Administration n'assume aucune responsabilité pour le cas où le destinataire ne serait pas trouvé.

4. **Les interlignes, renvois, ratures et surcharges doivent être approuvés par le signataire de la dépêche ou par son représentant.** C'est là pour l'Administration et pour le public une garantie qui rend impossible toute modification de la minute d'une dépêche sans la participation de l'expéditeur ou de son représentant. Un simple parafe au-dessous de la men-

tion des corrections ou annotations faites est du reste suffisant pour les approuver.

5. Une dépêche peut être refusée :

1° Si elle est contraire à l'ordre public et aux bonnes mœurs (art. 3 de la loi du 29 novembre 1850);

2° Si elle est adressée à un chef de gare pour être remise à un tiers hors de la gare (1).

L'employé doit inscrire sur la minute même le motif de son refus et la rendre à l'expéditeur après y avoir apposé sa signature.

Pour éviter les difficultés, l'employé devra autant que possible, avant de refuser une dépêche, consulter le bureau de l'État avec lequel il correspond directement. Ce dernier, exerçant d'ailleurs un contrôle permanent sur les transmissions du bureau municipal, doit provoquer, le cas échéant, les mesures nécessaires.

6. **Toute dépêche reconnue transmissible est immédiatement enregistrée sur un journal à souche** (voir art. 55), et prend le numéro de la souche qui lui est affectée.

Refus d'une dépêche.

Journal à souche.

---

(1) Exemple. Une dépêche avec l'adresse suivante :

Chef de gare à Bueil
(pour faire parvenir à M........., à Anet),

ne peut être admise. L'adresse doit être remplacée par celle-ci :

M........., à Anet,
poste ou exprès, Bueil,

et l'expéditeur doit acquitter la taxe supplémentaire d'exprès, s'il y a lieu.

III.

DE LA TRANSMISSION.

La loi du 29 novembre 1850 a posé (art. 1ᵉʳ, § 2, et art. 10, § 4) les deux principes suivants :

« La transmission de la correspondance télégraphique « privée est toujours subordonnée aux besoins du ser- « vice télégraphique de l'État. »

« Les dépêches relatives au service des chemins de « fer qui intéresseraient la sécurité des voyageurs « peuvent, dans tous les cas, obtenir la priorité sur les « autres dépêches. »

Ordre des transmissions.

7. Par application de ces dispositions, l'ordre des transmissions des dépêches est déterminé ainsi qu'il suit :

1° Dépêches de service des chemins de fer intéressant la sécurité des voyageurs ;

2° Dépêches officielles ;

3° Dépêches de service ayant un caractère urgent ;

4° Dépêches de service taxées, accusés de réception et dépêches de retour des dépêches privées (voir art. 43 et 45) ;

5° Dépêches privées.

Les dépêches privées de départ sont expédiées dans l'ordre de leur inscription sur le journal à souche, en tenant compte toutefois des heures d'ouverture et de fermeture des bureaux destinataires. Ainsi, une dépêche à destination d'un bureau limité, déposée à l'approche de l'heure de clôture de ce bureau, sera mise en transmission avant une dépêche antérieure dont la station destinataire jouit d'un service plus étendu.

L'ordre des transmissions, pour les dépêches de même destination, est rigoureusement celui du dépôt.

RÈGLES DE TRANSMISSION (1).

8. **Signaux conventionnels et indications de service.**

APPAREIL À CADRAN.

Appel. — Un ou plusieurs tours de manivelle.

Séparation des mots. — Chaque fois que la dernière lettre d'un mot est transmise, on complète le tour de manivelle en la ramenant sur la croix, où l'on s'arrête un instant. Cet arrêt sur la croix est le signal de séparation.

Signature. — Deux fois de suite plusieurs tours de manivelle, avec arrêt sur la croix entre les deux séries de tours.

Final. — Quand le dernier mot de la dépêche est transmis, on termine le tour de manivelle, puis on fait un autre tour en s'arrêtant un instant sur la lettre Z, puis sur la croix, où la manivelle doit toujours rester pendant les repos.

Chiffres. — Deux tours de manivelle avec arrêt sur la croix à chaque tour.

Erreurs. — Trois ou quatre tours sans arrêt sur la croix.

Abréviations :

B. C. Réception, compris ou zéro.

R. Z. Répétez.

---

(1) Toutes les indications relatives à la manœuvre des appareils Morse ou à cadran sont données à l'agent municipal par l'employé de l'État chargé de son instruction.

P. Z. Parlez.

T. Z. Tournez.

A. T. T. Attente.

C. R. V. pour : Comment recevez-vous?

N. O. pour : Numéro.

APPAREIL MORSE.

Espacement des longueurs des signes.

1° Une barre est égale à 3 points.

2° L'espace entre les signaux d'une même lettre est égal à 1 point.

3° L'espace entre deux lettres est égal à 3 points.

4° L'espace entre deux mots est égal à 5 points.

ALPHABET.

LETTRES.	SIGNAUX.	LETTRES.	SIGNAUX.	LETTRES.	SIGNAUX.
a.		i.		r.	
ä.		j.		s.	
b.		k.		t.	
c.		l.		u.	
ch.		m.		ü.	
d.		n.		v.	
e.		ñ.		w.	
é.		o.		x.	
f.		ö.		y.	
g.		p.		z.	
h.		q.			

CHIFFRES.

CHIFFRES.	SIGNAUX.	CHIFFRES.	SIGNAUX.	CHIFFRES.	SIGNAUX.
1.		5.		9.	
2.		6.		0.	
3.		7.		Barre de fraction.	
4.		8.			

PONCTUATION ET INDICATIONS DE SERVICE.

PONCTUATION ET INDICATIONS.	SIGNAUX.	PONCTUATION ET INDICATIONS.	SIGNAUX.
Point.......(.)	·· ·· ··	Apostrophe...(')	— — — — — — —
Point-virgule .(;)	— · — — · — ·	Alinéa.........	— — — — —
Virgule......(,)	· — · — — · —	Trait d'union .(-)	— — · · · —
Guillemets..(» »)	· — · · — ·	Parenthèse (avant et après les mots entre).....( )	— · — — — · —
Deux points.. (:)	— · — — · · —	Souligné.......	·· — — —
Point d'interrogation ou demande de répétition d'une transmission non comprise......(?)	·· — — · ·	Signal séparant le préambule de l'adresse, l'adresse du texte, et le texte de la signature.......	— — · · ·
Point d'exclamation......(!)	— — — · · — —	Erreur.......	· · · · · · · · · · ·
Appel (préliminaire de toute transmission)..	— · — · — · —	Fin de la transmission.......	· — · — · · ·
Compris ou réception.......	·· · — ·	Attente.......	· — · · ·

9. On appelle **indicatifs** les combinaisons employées pour désigner les bureaux télégraphiques. Les indicatifs sont formés de la première lettre ou de la réunion de plusieurs des lettres formant le nom des bureaux. Exemple : P. pour Paris, L. M. pour Le Mans.

Indicatifs.

Ils ne peuvent jamais remplacer le nom des localités dans le préambule, l'adresse ou le texte des dépêches.

10. Aucune dépêche commencée ne doit être interrompue pour faire place à une communication d'un rang supérieur, à moins d'urgence exceptionnelle.

Appel.

11. Toute correspondance entre deux bureaux commence par le signal d'appel.

Attente.

Le bureau appelé doit répondre immédiatement, en donnant son indicatif, et, s'il est empêché de recevoir, le signal d'attente suivi d'un chiffre indiquant la durée probable de l'attente. Si la durée probable excède dix minutes, l'attente doit être motivée.

12. Lorsque le bureau qui vient d'appeler a reçu, sans autre signal, l'indicatif du bureau qui répond, il transmet le préambule dans l'ordre suivant :

Préambule.

1° Nature de la dépêche, urgence, service ou PD, suivant qu'il s'agit d'une dépêche officielle, de service ou privée;

2° Nom du bureau destinataire (1);

3° Nom du bureau d'origine, précédé du **mot : de**;

4° Numéro d'enregistrement;

5° Nombre de mots;

---

(1) Lorsque la dépêche est à destination d'une localité non pourvue d'un bureau télégraphique, le préambule indique, non la résidence du destinataire, mais le bureau télégraphique par les soins duquel la dépêche doit être remise à destination ou envoyée à la poste.

6° Dépôt de la dépêche (par trois nombres, date, heure et minute, avec l'indication : м ou s [matin ou soir]) ;

7° Voie à suivre pour les dépêches internationales (quand la voie choisie par l'expéditeur n'est pas la voie normale);

8° Autres indications éventuelles (collationnement, recommandation, accusé de réception, réponse payée, exprès, poste, bureau restant, poste restante, nombre des adresses, à faire suivre, etc. etc.).

Ce préambule est transmis d'office et ne compte pas dans le nombre des mots taxés.

Exemple de préambule : Paris de Noyen, n° 29, 19 mots, 22 décembre, 8 h. 15 M. Réponse payée.

13. A la suite du préambule, on télégraphie successivement l'adresse, le texte et la signature de la dépêche.

Transmission
du texte
et
de la signature.

Le signal de séparation est transmis entre le préambule et l'adresse, entre l'adresse et le texte, entre le texte et la signature. On termine par le signal de « *fin de la transmission.* »

14. Aucun bureau appelé ne peut refuser de recevoir les dépêches qu'on lui annonce, quelle qu'en soit la destination.

On ne doit ni refuser ni retarder une dépêche, si les indications de service ne sont pas régulières. Il faut la recevoir et puis en demander, au besoin, la régularisation au bureau correspondant par une dépêche de service.

Erreurs.

15. Si l'employé qui transmet s'aperçoit qu'il s'est trompé, il doit s'interrompre par le signal d'erreur, répéter le dernier mot bien transmis et continuer, à partir de là, la transmission rectifiée.

De même, l'employé qui reçoit, s'il rencontre un mot qu'il ne parvient pas à saisir, doit interrompre son correspondant et répéter le dernier mot compris, en le faisant suivre du signal : « *Répétez.* » Le correspondant reprend alors la transmission à partir de ce mot, en s'efforçant de rendre ses signaux aussi clairs que possible.

Abréviations.

16. Il est interdit d'employer une abréviation quelconque en transmettant le texte d'une dépêche, ou de modifier ce texte de quelque manière que ce soit.

Vérification
du
nombre
des mots.

17. **Aussitôt après la transmission, l'employé qui a reçu compare le nombre des mots transmis au nombre annoncé**, et, s'il y a une différence, la signale à son correspondant. Si ce dernier s'est simplement trompé dans l'annonce du nombre des mots, il répond : « Oui, compris ; » sinon il répète la première lettre de chaque mot jusqu'au passage omis, qu'il rétablit. **Il est indispensable que les deux correspondants soient parfaitement d'accord sur le nombre de mots.**

Collationnement
partiel.

18. Toute dépêche donne lieu à un collationne-

ment partiel non taxé, qui se fait à la fin de la transmission de la dépêche.

Il est donné par l'employé qui a reçu, et immédiatement après la vérification du compte des mots. Ce collationnement partiel comprend les noms propres, les nombres, les mots douteux ou peu connus et les mots essentiels. L'employé qui a reçu peut d'ailleurs étendre ce collationnement et répéter la dépêche intégralement, s'il le juge indispensable pour mettre sa responsabilité à couvert. De même, l'employé qui a transmis peut exiger la répétition intégrale de la dépêche.

Dans la répétition des nombres suivis de fractions, ou des fractions dont le numérateur est formé de deux chiffres ou plus, on doit répéter en toutes lettres le numérateur de la fraction, afin d'éviter toute confusion. Ainsi pour 1 1/16 il faut répéter 1 un 16, afin qu'on ne lise pas 11/16 ; pour 13/4 il faut répéter treize 4, afin qu'on ne lise pas 1 3/4.

19. Le collationnement ne peut être retardé ni interrompu sous aucun prétexte. Lorsqu'il est achevé et la dépêche vérifiée, le bureau qui a reçu donne à celui qui a transmis le signal de *réception* ou *bien compris*, lequel est immédiatement répété par le correspondant.

Signal de réception.

20. La transmission de la dépêche une fois terminée, le bureau qui vient de recevoir transmet à son tour, s'il a une dépêche; sinon, l'autre continue. Si de part et d'autre il n'y a rien à transmettre, les deux bureaux se donnent réciproquement le signal *zéro*.

Alternat des transmissions.

Une dépêche d'un rang supérieur ne compte pas dans l'alternat des dépêches privées.

21. S'il arrive que, par suite d'interruption ou par une autre cause quelconque, on ne puisse recevoir le collationnement, cette circonstance n'empêche pas la remise de la dépêche au destinataire, sauf à lui communiquer ultérieurement la rectification, le cas échéant.

22. Lorsqu'il se produit au cours de la transmission d'une dépêche, une interruption totale dans les communications télégraphiques du bureau, les dépêches sont expédiées immédiatement par la poste sous pli fermé, ou par un moyen plus rapide, s'il est possible, soit au premier bureau télégraphique en mesure de les réexpédier par télégraphe, soit au bureau destinataire lui-même.

Dès que les communications sont rétablies, les dépêches sont transmises en ampliation, à moins qu'il n'en ait été préalablement accusé réception.

Pour l'envoi des dépêches par la poste, les employés useront du droit de franchise dont ils jouissent entre eux dans le même département (voir art. 98, *Franchise postale*).

RETRAIT OU ANNULATION DE DÉPÊCHES.

23. L'expéditeur d'une dépêche a toujours le droit de l'annuler.

La demande d'annulation est faite par écrit si la dépêche n'est pas entièrement transmise, et la demande
est annexée à la dépêche.

Si la dépêche est déjà transmise, la demande a lieu
par dépêche de service taxée adressée au bureau destinataire (voir art. 52.)

Celui-ci informe télégraphiquement le bureau ex-
expéditeur de la suite donnée à sa demande, si la
réponse a été affranchie; dans le cas contraire, il fait
cette communication par la poste au bureau de départ,
qui la transmet à l'expéditeur.

<h3 style="text-align:center">IV.</h3>

<h3 style="text-align:center">DE LA REMISE DES DÉPÊCHES À DESTINATION.</h3>

24. L'expédition envoyée au destinataire est la copie même sur laquelle la dépêche a été reçue par le
bureau d'arrivée. Il importe donc que l'employé s'at-
tache à l'écrire d'une manière très-nette et très-lisible.

Il doit la relire avec soin et la signer.

Dans chaque bureau les dépêches d'arrivée prennent,
d'après l'ordre de leur réception, un numéro spécial
dont la série est annuelle et commence au 1er janvier.
Elles portent l'heure d'expédition à domicile.

25. Ces deux indications sont reproduites sur le
reçu. En outre, le numéro d'origine, le nom du bureau de départ, la date et l'heure du dépôt y sont rap-
pelés sommairement, dans l'angle droit supérieur, sous
la forme suivante : 485. Paris le 27, 10.25 m. ou s.

Le cas échéant, le reçu doit faire mention des circonstances qui ont empêché ou retardé la remise de la dépêche.

Remise des dépêches dans le lieu d'arrivée. 26. Dans le lieu d'arrivée (voir art. 29), la remise à domicile ou au bureau de poste a lieu sans frais, excepté dans les localités qui sont desservies par des bureaux de gare (voir art. 30.)

Au domicile du destinataire. En l'absence du destinataire, la dépêche présentée à son domicile peut être remise aux membres adultes de sa famille, à ses locataires, à ses hôtes ou aux personnes attachées à son service.

Formalités obligatoires des reçus. La personne à laquelle cette remise est faite signe le reçu; il y a intérêt à ce qu'elle inscrive également l'heure; mais son refus, sur ce point, ne saurait faire obstacle à la délivrance de la dépêche.

Il est désirable aussi que ces indications soient écrites à l'encre; mais le destinataire est libre de les écrire au crayon.

Remise des dépêches à un délégué. Le destinataire peut désigner un délégué spécial pour recevoir les dépêches qui lui sont adressées; cette délégation doit être donnée par écrit et laissée entre les mains de l'employé.

Remise au destinataire lui-même. L'expéditeur, de son côté, a la faculté de demander, en le mentionnant dans le texte taxé, que la remise n'ait lieu qu'entre les mains du destinataire lui-même, et le bureau d'arrivée est tenu de se conformer à cette demande.

Lorsque la dépêche n'a pu être remise, un avis (1) est laissé par le facteur au domicile du destinataire, et la dépêche est rapportée au bureau, où elle est conservée dans les mêmes conditions et pendant les mêmes délais que les dépêches adressées bureau restant (voir art. 28). Elle est délivrée sur la présentation de cet avis. A défaut d'imprimés fournis à cet effet par l'Administration, l'employé fera usage de feuilles pour dépêches.

Dépêche non remise au domicile indiqué.

27. Lorsque le destinataire d'une dépêche est inconnu, le bureau d'arrivée transmet au bureau d'origine un avis de service reproduisant textuellement l'adresse reçue et rédigé sous la forme suivante :

Destinataire inconnu.

« *Service—n°* . . . . *de* . . . . *(adresse)* . . . .
destinataire inconnu. »

Le bureau de départ compare cette adresse avec le texte original, et la rectifie s'il n'y a pas conformité. Dans tous les cas, il doit avertir l'expéditeur, qui ne peut compléter ou rectifier que par dépêche payée (voir art. 52).

---

(1) Cet avis doit affecter la forme ci-dessous :
Une dépêche adressée à M (nom et adresse du destinataire)

est en dépôt au bureau télégraphique d . . . . . (nom du bureau).

A   le   187 .
Représenter le présent avis en réclamant la dépêche.

Dépêches adressées bureau restant. 28. Les dépêches adressées **bureau télégraphique restant** sont conservées, sous enveloppes closes et avec les reçus correspondants, dans un tiroir fermé à clef, celui de la caisse par exemple.

A qui elles sont remises. Elles sont remises au destinataire lui-même, ou à un délégué dûment autorisé à les retirer.

Délai de conservation. Lorsqu'elles n'ont pas été réclamées dans un délai de quarante-cinq jours, elles sont détruites, et les reçus envoyés à l'inspection avec une annotation spéciale. Ce délai commence à courir du lendemain du jour de la réception de la dépêche au bureau d'arrivée.

Définition du lieu d'arrivée. 29. Dans les villes pourvues d'un octroi, la gratuité du port à domicile n'a d'autres limites que celles tracées par l'enceinte ou les poteaux de l'octroi.

Dans les villes qui n'ont pas d'octroi, l'agglomération où est situé le bureau est la seule où les dépêches soient distribuées sans frais.

Bureaux de gare. 30. Les bureaux de gare forment une catégorie spéciale. Pour ces bureaux, le lieu d'arrivée est limité à l'enceinte de la gare (voir art. 46).

ENVOI DES DÉPÊCHES HORS DU LIEU D'ARRIVÉE.

En dehors du lieu d'arrivée, deux modes d'envoi sont admis : l'exprès ou la poste.

Emploi de l'exprès. 31. La dépêche est portée par exprès lorsque ce mode d'envoi est demandé par l'expéditeur dans sa dépêche, ou par le destinataire en vue des dépêches qu'il attend (art. 54, 3°).

On entend par exprès le moyen le plus rapide d'expédition. En général, ce moyen le plus rapide est l'envoi d'un messager spécial, c'est-à-dire de toute personne envoyée *expressément* dans le but de porter la dépêche à son adresse, quelle que soit d'ailleurs la manière dont elle effectue le trajet, à pied ou à cheval, ou par tout autre moyen de transport, voiture publique ou particulière, train de chemin de fer, bateau, etc.

Rien ne s'oppose d'ailleurs à ce que les bureaux recourent, si la dépêche n'en doit éprouver aucun retard, aux entreprises de voitures publiques, de messageries ou aux occasions particulières qui seraient à leur disposition et qui offriraient des avantages réels au point de vue économique.

Dans le choix de l'exprès, l'employé se préoccupera, avant tout, des conditions de nature à garantir une remise prompte et fidèle.

32. Les dépêches qui portent la mention **exprès** ne sont pas toujours adressées au bureau télégraphique le plus rapproché du lieu réel de destination. Toutes les fois que l'employé reçoit une dépêche avec exprès dont le lieu de destination est, à sa connaissance, plus rapproché d'un autre bureau que du sien, il doit avertir le bureau chef-lieu du département. Dans ce cas, en effet, le chef de ce bureau rectifie la direction indiquée par l'expéditeur, à moins que, par la nature ou l'insuffisance des ressources du bureau le plus rap-

Différents modes d'exprès.

Garanties que doit offrir l'exprès.

Direction des dépêches à expédier par exprès.

proché, l'emploi de l'exprès n'y soit plus difficile que dans le bureau désigné.

33. Les dépêches sont expédiées par la poste :

1° Lorsque l'expéditeur l'a demandé ;

2° Lorsque l'envoi par exprès, bien que demandé, n'est pas possible ;

3° Lorsqu'aucun mode d'envoi spécial n'a été indiqué.

L'employé doit soumettre le pli à la formalité du **chargement**, s'il s'agit d'une dépêche intérieure portant cette mention, s'il s'agit de dépêches recommandées ou de dépêches internationales, enfin dans le cas où le port par exprès, quoique demandé, n'est pas possible.

Dans tous les autres cas, le pli est simplement affranchi.

Quand une dépêche à réexpédier par la poste avec chargement arrive au bureau télégraphique trop tard pour pouvoir être chargée avant le départ du premier courrier, mais assez tôt pour profiter de ce départ comme lettre ordinaire, elle doit être jetée à la boîte aux lettres avec affranchissement simple ; un duplicata, sous pli chargé, est envoyé au destinataire dès qu'il est possible.

Les reçus des dépêches mises à la poste sont établis pour ordre et classés à leur rang. Ils doivent porter la mention de la remise à la poste et la signature du facteur à qui ce service a été confié.

V.

DE LA TAXE.

34. Dans le service intérieur, comme dans le service international, le principe de l'uniformité des taxes a été généralement adopté.

35. Le tarif des dépêches intérieures doit être affiché soit à la porte d'entrée, soit dans la salle d'attente de chaque bureau.

Un exemplaire du Tarif général des dépêches est adressé à chaque employé municipal. Au moyen de ce document qu'il doit tenir soigneusement au courant à l'aide des annexes envoyées périodiquement aux bureaux, il peut donner au public tous les renseignements qui lui sont demandés sur les taxes, sur les époques et les heures d'ouverture des bureaux de France ou de l'étranger, etc. etc.

36. On donne le nom de dépêche simple à celle qui Dépêche simple. est passible du minimum de la taxe. Pour toutes les destinations, excepté l'Amérique (1), la longueur de la dépêche simple est limitée à vingt mots. Au-dessus de vingt mots, la taxe s'accroit de moitié par série indivisible de dix mots (voir le Tarif général).

----

(1) Pour l'Amérique, la dépêche simple est de dix mots, et l'accroissement de taxe a lieu par mot supplémentaire. — Dans la correspondance avec l'Égypte (par Malte), on admet exceptionnellement les dépêches de dix mots, quoique la dépêche simple soit de vingt mots, et que l'accroissement par moitié continue à se calculer à partir de vingt mots.

Indications
soumises
à la taxe.

Indications
non soumises
à la taxe.

37. Tout ce que l'expéditeur écrit sur la minute pour être transmis, toutes les indications qu'il est tenu d'y mentionner relativement aux conditions spéciales ou aux garanties qu'il désire assurer à sa dépêche, entrent dans le compte des mots soumis à la taxe.

Mais le lieu de départ, l'heure et la date du dépôt, sont transmis d'office dans le préambule de la dépêche et ne sont soumis à la taxe que si l'expéditeur les comprend dans le texte.

38. La taxe d'une **dépêche internationale** est calculée d'après la voie la moins coûteuse entre le point de départ de la dépêche et le point de destination, à moins que l'expéditeur n'en ait indiqué une autre.

L'indication de la voie n'est transmise dans le préambule que dans ce dernier cas et n'est point taxée.

COMPTE DES MOTS.

Règles spéciales au service intérieur.

39. Les mots composés figurant à ce titre dans le dictionnaire de l'Académie française, les noms de départements, villes, villages, communes, hameaux, rues, et les désignations relatives aux numéros des habitations ne sont comptés que pour un seul mot. Exemples : contre-ordre, aujourd'hui, après-demain, de Grenelle-Saint-Germain (rue), un mot; — Bar-sur-Seine, un mot; — 12 bis, un mot.

Toutes les autres expressions composées sont comptées pour le nombre des mots employés à les formuler. Exemples : c'est-à-dire, 4 mots; — Prince de la Tour d'Auvergne, 6 mots; — sept-cent-soixante-cinq, 4 mots.

Règles spéciales au service international.

40. Le maximum de longueur du mot est fixé à sept syllabes. L'excédant compte pour un mot.

Toutes les expressions réunies par un trait d'union ou séparées par une apostrophe sont comptées pour le nombre de mots employés à les former.

Les expressions géographiques, les désignations de rue et de numéro, les noms propres, titres ou particules, sont comptés pour le nombre de mots employés par l'expéditeur à les exprimer.

Dans tous les cas où il n'est pas certain qu'une réunion de mots employée par l'expéditeur soit contraire à l'usage de la langue, la manière d'écrire de l'expéditeur est décisive pour la taxation.

Dispositions communes au service intérieur et au service international.

41. Les nombres écrits en chiffres et les groupes de lettres exprimant des marques de commerce ou de fabrique comptent pour autant de mots qu'ils contiennent de fois cinq caractères, plus un mot pour l'excédant, s'il y a lieu. Exemples : 785,235, 2 mots; — colis AMB, 2 mots (colis, 1 mot; AMB, 1 mot).

Les lettres ajoutées aux chiffres pour désigner les nombres ordinaux sont comptées chacune pour un chiffre. Exemple : 9346me, deux mots.

Tout chiffre ou lettre isolé est compté pour un mot; il en est de même du souligné.

Les signes de ponctuation, traits d'union, guillemets, parenthèses, alinéa, ne sont pas comptés; sont toutefois comptés pour un chiffre, les points, les virgules et les barres de division qui entrent dans la formation des nombres et des groupes de lettres. Exemples : 12,50, 1 mot; — 432 1/2, 2 mots; — P.F. D/C, 2 mots.

Les expressions 3 o/o et 4 1/2 o/o, étant composées de deux nombres différents, sont comptées séparément : 3 o/o, 2 mots; — 4 1/2 o/o, 2 mots.

VI.

DÉPÊCHES SPÉCIALES.

RÉPONSE PAYÉE.

42. L'expéditeur d'une dépêche peut en affranchir la réponse.

Service intérieur.

Réponse payée dans le service intérieur.

Si le nombre des mots payés reste indéterminé, la taxe est perçue pour 20 mots; mais quelle que soit l'étendue de la réponse, elle doit toujours être acceptée. Le préambule doit indiquer, quand il y a lieu, la somme à percevoir.

La réponse peut être dirigée sur un point autre que le lieu d'origine de la dépêche primitive. Dans ce cas, la taxe de la réponse est calculée d'après le tarif qui est applicable entre le point d'expédition et le point de destination de cette réponse.

Si la réponse n'est pas présentée dans le délai de huit jours pleins, à dater du dépôt de la dépêche primitive, elle est considérée et taxée comme une nouvelle dépêche (voir art. 64, 2°).

Service international.

Si la dépêche demandant une réponse payée porte simplement l'indication « *réponse payée* », la taxe est perçue pour une réponse simple par la même voie. L'expéditeur a la faculté de compléter la mention en indiquant, par la formule suivante : « *Réponse payée* (. . . .*fr* . . . . *c.*) » que la réponse est payée pour une somme supérieure ; il acquitte la taxe correspondante, sans toutefois que l'affranchissement puisse dépasser le triple de la taxe de la dépêche primitive.

L'indication de la somme déposée est toujours obligatoire, quel que soit le nombre des mots de la réponse, lorsque celle-ci doit être transmise à un bureau autre que celui d'où part la dépêche primitive. La mention à insérer après le texte est formulée comme il suit : *Réponse payée à*. . . . (*indiquer la localité*). . . . *fr*. . . . *c.*

Le bureau qui reçoit une dépêche internationale portant : *Réponse payée*, remet en numéraire sur les fonds de la caisse, au facteur chargé de porter cette dépêche, le montant de la taxe de la réponse tel qu'il figure dans la dépêche, ou tel qu'il résulte du calcul de la taxe par la voie indiquée.

Cette somme est mentionnée en toutes lettres sur

l'enveloppe. Ex. : « *Vingt francs sont joints pour la ré-*
ponse. »

La dépêche est accompagnée du reçu habituel,
sur lequel sont inscrits le numéro de la dépêche,
le lieu d'origine, la date et l'heure du dépôt et la
mention *Réponse payée,* suivie de la somme que repré-
sente cette réponse (voir art. 69).

Après la remise des fonds au destinataire, le bureau
n'a plus à se préoccuper de l'envoi de la réponse payée.
Le destinataire reste libre de l'expédier à la date, par
la voie et à l'adresse qui lui conviennent.

Lorsqu'elle est présentée, elle est assimilée à une
dépêche déposée dans les conditions ordinaires, et, en
conséquence, n'est acceptée que contre payement de
la taxe, sans qu'il y ait lieu de s'enquérir du chiffre
de la somme remise avec la dépêche primitive.

Dans la transmission, cette réponse n'est accompagnée
d'aucune mention qui la distingue des autres dépêches.

DÉPÊCHE RECOMMANDÉE.

43. L'expéditeur de toute dépêche **intérieure** a la
faculté de la recommander.

Les dépêches recommandées ne sont plus admises dans le
service international.

Lorsqu'une dépêche est recommandée, le bureau
de destination transmet, par la voie télégraphique à
l'expéditeur même, la reproduction intégrale de la
copie envoyée au destinataire, suivie de la double indication de l'heure précise de la remise et de la per-

sonne entre les mains de laquelle cette remise a eu lieu.

Si la remise n'a pu être effectuée, ce double avis est remplacé par l'indication des circonstances qui se sont opposées à la remise et par les renseignements nécessaires pour que l'expéditeur puisse faire suivre sa dépêche, s'il y a lieu.

La transmission de la dépêche de retour s'effectue par priorité sur les autres dépêches de même rang.

L'expéditeur d'une dépêche recommandée peut se faire adresser la dépêche de retour sur un point quelconque du territoire, en fournissant les indications nécessaires.

La taxe de recommandation est égale à celle de la dépêche.

La taxe des dépêches de retour à diriger sur un point autre que le lieu d'origine de la dépêche est calculée d'après le tarif applicable entre le point d'expédition et le point de destination de cette dépêche de retour.

DÉPÊCHE COLLATIONNÉE.

44. L'expéditeur de toute dépêche **internationale** a la faculté d'en demander le collationnement. Dans ce cas, chacun des bureaux qui concourent à la transmission en donne le collationnement **intégral** à son correspondant.

La taxe du collationnement est égale à la moitié de celle de la dépêche, toute fraction de quart de franc étant comptée comme un quart de franc.

Les erreurs ou altérations des dépêches internationales pour lesquelles la taxe de collationnement n'a pas été acquittée ne donnent pas droit au remboursement.

ACCUSÉ DE RÉCEPTION.

Accusé
de réception.

45. L'expéditeur de toute dépêche peut demander que l'indication de l'heure à laquelle elle sera remise à son correspondant lui soit transmise par la voie télégraphique.

Si la remise de la dépêche n'a pu s'effectuer, le bureau d'arrivée en informe le bureau de départ par un avis contenant les renseignements nécessaires pour que l'expéditeur puisse faire parvenir la dépêche au destinataire, s'il y a lieu. Lorsqu'il n'y a pas d'erreur de service à rectifier, cet avis tient lieu d'accusé de réception.

La taxe de l'accusé de réception est celle d'une dépêche simple; cette taxe est calculée d'après le tarif applicable entre le bureau d'où part l'accusé de réception et celui auquel il est destiné.

DÉPÈCHE PAR EXPRÉS.

Dépêche
par exprès.

46. La définition de l'exprès a été donnée à l'article 31.

La taxe de l'exprès, en France, est de cinquante centimes par kilomètre; elle est calculée d'après la distance réelle lorsqu'il s'agit de dépêches à destination d'habitations isolées, et d'après la distance qui sépare le bureau télégraphique du centre de l'agglomération, lorsqu'il s'agit d'habitations agglomérées. Toute fraction de kilomètre est comptée pour un kilomètre.

Le tarif général donne, sous la dénomination de **frais fixes**, la taxe d'exprès à percevoir pour les télégrammes à destination de la localité dont la gare porte le nom. Pour toute autre destination, les frais d'exprès se calculent suivant la règle générale, et ne se cumulent pas avec les frais fixes indiqués au tarif. — *Frais fixes.*

47. Toutes les fois que le bureau ne sera pas en mesure d'établir immédiatement la taxe exigible, il fera déposer par l'expéditeur, à titre de provision, des arrhes dont le chiffre variera suivant les circonstances. — *Dépôt d'arrhes.*

Les renseignements relatifs à la distance parcourue par l'exprès sont échangés entre les bureaux par la voie postale (*voir le modèle M de la série des imprimés*). — *Demande de distance par la poste.*

Les chefs de gare sont exceptionnellement autorisés à employer le télégraphe. — *Demande de distance par le télégraphe.*

Les réponses qui leur sont adressées doivent emprunter la même voie.

DÉPÉCHE PAR POSTE.

48. Dans le service intérieur ainsi que dans le service international, les dépêches qui empruntent la voie postale pour parvenir à destination ne sont soumises à aucune surtaxe. — *Dépêche par poste.*

Dans le service intérieur, le chargement donne lieu à une taxe invariable de 5o centimes.

L'article 33 donne le détail des opérations à faire à l'arrivée.

DÉPÊCHE À FAIRE SUIVRE.

49. 1ᵉʳ cas : Lorsqu'une dépêche porte la mention *faire suivre*, sans autre indication, le bureau de destination, après l'avoir présentée à l'adresse indiquée, la réexpédie immédiatement, s'il y a lieu, à la nouvelle adresse qui lui est désignée au domicile du destinataire.

Si aucune indication ne lui est fournie, il garde la dépêche en dépôt. Si la dépêche est réexpédiée et que le second bureau ne trouve pas le destinataire à l'adresse nouvelle, la dépêche est conservée par ce bureau, sauf les cas d'urgence laissés à son appréciation.

2ᵉ cas : Si la mention faire suivre est accompagnée d'adresses successives, la dépêche est successivement transmise à chacune des destinations indiquées, jusqu'à la dernière, s'il y a lieu, et le dernier bureau se conforme aux dispositions du paragraphe précédent.

3ᵉ cas : Toute personne peut demander, en fournissant les justifications nécessaires, que les dépêches qui arriveraient à un bureau télégraphique, pour lui être remises dans le rayon de distribution de ce bureau, lui soient réexpédiées, dans les conditions des paragraphes précédents, à l'adresse qu'elle aura indiquée.

4ᵉ cas : Quand le destinataire est absent au moment

de l'arrivée d'une dépêche, et qu'en son nom une nouvelle destination est indiquée sur l'enveloppe même de la dépêche, la réexpédition télégraphique doit être faite; elle est obligatoire dans le service intérieur, et laissée à l'appréciation du chef de bureau dans le service international.

La taxe afférente à chaque réexpédition se calcule d'après le nombre de mots que contient cette réexpédition. Elle est toujours perçue sur le destinataire.

Service international.

Le bureau de destination n'est tenu de réexpédier une dépêche portant la mention «*faire suivre*» que dans les limites de l'État auquel il appartient, et il traite alors la dépêche comme une dépêche intérieure. La taxe internationale des dépêches à faire suivre est celle du premier parcours, l'adresse complète entrant dans le compte des mots.

Chaque réexpédition donne lieu à la perception (sur le destinataire) de la taxe intérieure de l'État réexpéditeur.

A partir du premier bureau indiqué dans l'adresse, les taxes à percevoir sur le destinataire pour les parcours ultérieurs doivent, à chaque réexpédition, être portées d'office dans le préambule.

DÉPÊCHE MULTIPLE.

50. 1er cas : Les dépêches adressées dans une

Dépêche multiple.

même localité à plusieurs destinataires, ou à un seul destinataire à plusieurs domiciles, acquittent :

1° La taxe principale calculée sur le nombre total des mots du texte, y compris celui de toutes les adresses ;

2° Une taxe supplémentaire de 50 centimes répétée autant de fois qu'il y a de destinataires ou de domiciles moins un.

Exemple : Paris de Charlieu :

<pre>
     1   2   3   4   5
«Moreau, banquier, rue de Provence, 15...........
     6   7 8   9   10   11   12
«Gaillard et Cⁱᵉ, commissionnaires en marchandises, rue   22
       13   14   Paris.
   Lafayette, 6..................................
    15   16   17   18   19   20   21
«Texier, fabricant de fécule, rue de Flandre, 17.......
   23   24   25   26   27   28-29
«Versez mes fonds au Comptoir d'escompte.
                                      30
                                  «LAURENT.»
</pre>

La taxe serait ainsi calculée :

Pour 30 mots........................	2ᶠ 10ᶜ
Pour 2 destinataires supplémentaires.......	1 00
TOTAL.............	3 10

Service intérieur.

2ᵉ et 3ᵉ cas : Une dépêche adressée à plusieurs destinataires ou à un même destinataire dans des localités différentes compte pour autant de dépêches qu'il y a de localités. Dans chacune de ces dépêches, la taxe s'établit sur le nombre des mots du texte et de la signature, augmenté seulement de ceux de l'adresse qu'elle comporte.

Exemple : Paris et Bordeaux de Cormeilles :

```
 1          2        3       4      5     6
«Dubois, commissionnaire, rue Rambuteau, 53, Paris.
    1   2  3   4     5
«Vasseur et Cⁱᵉ, quai Bacalan . . . . . . . . . . . . . . . . . . . .        9
    6   7              8                                              Bordeaux.
«Wolff, rue du Chapeau-Rouge . . . . . . . . . . . . . . . . . .
 1      2       3        4     5    6     7
«Vos dernières commandes partiront dans trois jours.
                                                 8
                                         «GAUTHIER.»
```

Cette dépêche serait comptée comme deux dépêches séparées :

La première, pour Paris, 14 mots (adresse 6, texte 8), ci.   1ᶠ40ᶜ

La deuxième, pour Bordeaux, 17 mots (adresse 9, texte 8),
et un destinataire supplémentaire.   1 90

TOTAL. 3 30

51. Les indications relatives aux réponses payées, à la recommandation, au collationnement, à l'accusé de réception, doivent figurer entre l'adresse et le texte, ou entre le texte et la signature. Celles relatives aux dépêches à faire suivre, aux dépêches avec exprès ou poste sont données dans l'adresse. — Les unes et les autres sont d'ailleurs mentionnées dans le préambule (voir art. 12, 8°).

DÉPÊCHES DE SERVICE TAXÉES.

52. Toute dépêche rectificative, complétive et généralement toute communication échangée avec un

bureau télégraphique, à l'occasion d'une dépêche transmise ou en cours de transmission, est soumise à la taxe, à moins que cette communication ait été rendue nécessaire par une erreur de service.

L'expéditeur ou le destinataire peut demander la répétition des passages qui lui paraissent douteux. Il acquitte : 1° le prix de la demande; 2° le prix de la réponse calculée suivant la longueur du passage à répéter.

Ces taxes sont remboursées d'office par le bureau qui les a encaissées, si la répétition montre que le service télégraphique avait dénaturé le sens de la dépêche. Aucun remboursement n'est dû pour la dépêche primitive rectifiée.

Dans le service international, la demande de répétition n'est admise que dans le délai de vingt-quatre heures.

COPIES.

Copies.

53. L'expéditeur et le destinataire ont le droit de se faire délivrer des copies certifiées conformes de l'original de la dépêche qu'ils ont transmise ou reçue. Il est perçu un droit de 5o centimes par copie. Le destinataire qui, ayant refusé d'acquitter une taxe à percevoir à l'arrivée, réclamerait la copie de la dépêche à laquelle cette taxe était applicable, ne pourrait l'obtenir qu'après avoir versé la somme dont il serait resté débiteur.

VII.

RECETTES EFFECTUÉES PAR LE COMPTABLE.

(DOIT.)

54. Les taxes principales et accessoires sont acquit-tées au départ. *(Perception.)*

Sont toutefois perçues sur le destinataire :

1° Les taxes de réexpédition des dépêches à faire suivre (art. 61);

Service intérieur.

2° La taxe supplémentaire des réponses payées dont la longueur excède le nombre des mots affranchis;

3° Les frais d'exprès, quand l'envoi par exprès a eu lieu sur la demande préalable du destinataire;

Service international.

4° Les frais d'exprès, sauf le cas où l'expéditeur d'une dépêche portant accusé de réception les a payés au départ.

Dans tous les cas de perception sur le destinataire, la dépêche n'est remise que contre le payement de la taxe due.

Les dépêches rapportées au bureau par suite du refus du destinataire de payer la taxe y sont conser-vées pendant huit jours. Passé ce délai, elles sont envoyées à l'inspection, avec les autres archives.

55. Toute perception effectuée soit sur l'expéditeur, soit sur le destinataire, doit être enregistrée au jour- *(Journal à souche A-1.)*

nal A-1. La disposition du modèle A-1 indique suffisamment le mode d'enregistrement de la dépêche, ainsi que la place où doit être apposé le timbre du bureau. On inscrit, tant à la souche qu'au récépissé, les conditions de transmission qui font varier la taxe principale ; par exemple : « *avec réponse payée. . . . . mots ; avec accusé de réception ; avec exprès à. . . . . etc.* »

Les récépissés doivent être remis à l'expéditeur, sauf dans le cas des réponses payées.

56. Le récépissé **doit reproduire exactement les termes et les chiffres de la souche ; il doit être détaché et remis à l'expéditeur,** sauf pour les réponses payées d'avance à des dépêches intérieures.

Cas où ils restent adhérents à la souche.

57. Dans ce cas, le récépissé reste adhérent à la souche. Il doit porter l'indication : « *Réponse payée à n°. . . .de. . . .en date du. . . . .* », et être replié sur la souche.

Quand, dans le service intérieur, une réponse payée est remise pour être expédiée, l'employé doit exiger la présentation de la dépêche à la quelle il est répondu et il y appose d'une manière très-apparente, immédiatement au-dessous du texte, les indications suivantes :

Réponse déposée le. . . . .
à. . . . .heures. . . . .minutes. . . . .sous le n°. . . . . .

L'employé,

Des règles spéciales données plus loin (voir art. 69) sont applicables aux réponses payées dans le service international.

58. Dans le cas où des arrhes sont déposées pour un exprès, on portera au verso de la souche, dès que les frais d'exprès auront été indiqués par le bureau destinataire, soit la somme à rembourser, soit la somme complémentaire à recouvrer, et l'on mentionnera ensuite la date à laquelle le remboursement ou le complément de taxe aura été effectué. On indiquera de même, au verso de la souche, les remboursements à faire pour cause de trop-perçu, réponse payée non utilisée, etc.

Indications à porter sur le verso de la souche.

59. Doivent être également inscrites sur le journal à souche toutes les recettes qui ne seront pas effectuées au moment même du dépôt des dépêches auxquelles elles se rapportent, telles que : compléments de taxe recouvrés soit d'office, soit sur l'ordre de l'Administration; frais de copie, frais d'exprès perçus sur le destinataire, etc.

Recettes diverses.

La souche et le récépissé devront porter les détails nécessaires (numéros, dates, destinations des dépêches primitives) pour que ces recettes puissent être rattachées aisément aux dépêches qu'elles concernent.

60. Les recettes du journal à souche sont totalisées chaque jour. La caisse doit être vérifiée en même temps et rectifiée, s'il y a lieu.

Le journal à souche est totalisé par jour. Vérification de la caisse.

Lorsqu'un journal est épuisé, le total des recettes inscrites depuis le commencement de la journée est reporté en tête du folio n° 1 du journal suivant.

Les surcharges,
ratures
et grattages
sont interdits.

61. Les surcharges, ratures et grattages sont formellement interdits. Toute erreur dans l'application des taxes ne peut être rectifiée ou réparée qu'au moyen d'une perception complémentaire à enregistrer au journal à souche, ou d'un remboursement porté sur un registre spécial dont il est question à l'article 63. **Les écritures primitives doivent subsister sans aucune altération.**

Précautions
à prendre
par
le comptable.

62. — En cas de soustraction de valeurs (numéraire ou pièces de dépenses), l'employé ne pourrait être exonéré de la responsabilité pécuniaire qu'autant qu'il justifierait que le vol est un cas de force majeure, et qu'il avait pris toutes les précautions convenables pour le prévenir, notamment celle de conserver la caisse dans une pièce habitée la nuit. Il aurait, sous peine de déchéance, à faire, dans les vingt-quatre heures, une déclaration à l'autorité locale (maire, commissaire de police ou brigadier de gendarmerie) et à aviser en même temps l'inspecteur départemental. Il agirait de la même manière, en cas de tentative de vol non suivie d'effet.

VIII.

PAYEMENTS EFFECTUÉS PAR LE COMPTABLE.

(AVOIR.)

REMBOURSEMENTS.

Registre
des
remboursements.

63. Un registre des remboursements est destiné à l'enregistrement, sans lacune ni omission, de tout remboursement ou prélèvement opéré sur les fonds de la caisse.

Toutes les indications des colonnes doivent être remplies avec le plus grand soin.

Le registre des remboursements est totalisé par mois, et l'on peut disposer d'une case entière pour l'inscription du total. Chaque total mensuel est reporté à la feuille de clôture, et doit être égal à celui de la colonne affectée dans le carnet D (voir art. 80) aux remboursements effectués pendant la même période.

64. Les remboursements de taxes doivent être autorisés par l'Administration, sauf les cas suivants où ils peuvent être opérés d'office par les bureaux d'encaissement, savoir :

Remboursement d'office.

1° Excédant d'arrhes déposées pour exprès, ou frais d'exprès non utilisés dans le cas où l'envoi par exprès n'a pas été effectué ;

(Le cas de remboursement d'excédant d'arrhes par un bureau autre que celui de départ fait exception à cette règle.)

2° Réponses payées qui ne sont pas parvenues dans un délai de dix jours pleins ;

3° Recommandations et accusés de réception des dépêches **intérieures** non parvenus dans un délai de deux jours pleins, à partir du dépôt de la première dépêche ;

4° Les frais accessoires payés pour des dépêches intérieures qui ont été annulées (voir art. 23) et dont la taxe principale reste acquise au Trésor ;

5° Les taxes, déduction faite d'un droit fixe d'un

demi-franc, des dépêches internationales annulées avant leur transmission (1);

6° Les sommes perçues en trop par erreur;

7° Le montant des dépêches de service taxées dans le cas prévu par le 3e paragraphe de l'article 52.

65. La partie prenante doit restituer le récépissé du journal A-1, pour être rattaché à la souche correspondante comme justification.

Si le récépissé ne peut être présenté, il doit être remplacé par une déclaration de perte signée par la partie prenante et libellée dans la forme suivante :

Le soussigné (nom, prénoms, profession et domicile) déclare :

1° Que c'est pour son compte qu'a été payée à la station télégraque de . . . . la taxe n°. . . . (n° du journal à souche) du . . . . . (date);

2° Qu'il a perdu la quittance à souche délivrée à ce titre;

3° Qu'il a été remboursé le . . . . par la station télégraphique de . . . . . . de la somme de . . . . . . (en toutes lettres), montant de ladite taxe (ou bien : pour partie de ladite taxe), conformément à l'autorisation administrative du . . . . ou : sauf déduction de . . . . . (etc.).

66. Un remboursement de taxe peut être opéré par tout autre bureau que celui qui a perçu; mais, dans ce cas, le remboursement ne peut avoir lieu d'office. L'administration centrale délivre l'autorisation et en-

---

(1) Lorsque l'annulation a lieu après la transmission, l'administration autorise le remboursement de la taxe afférente au parcours non effectué.

voie un bulletin indiquant le bureau chargé de rembourser.

Le comptable de ce dernier bureau annexe à son carnet de recettes (D) la quittance à souche délivrée par le bureau d'encaissement, ou, à défaut de cette pièce, une déclaration établie d'après le modèle donné plus haut. Il doit joindre au relevé mensuel (D), fourni à l'Administration, le bulletin portant autorisation de remboursement.

67. Pour tout remboursement, les parties prenantes ou leurs mandataires donnent quittance au registre spécial et signent les autorisations délivrées par le directeur de l'Administration, destinées à être rattachées comme pièces justificatives au relevé mensuel, modèle D, adressé à l'Administration.

Le registre des remboursements doit être émargé par les parties prenantes ou leurs mandataires.

On indique dans la colonne d'observations les numéros des bulletins et on mentionne les remboursements effectués d'office.

68. A défaut de fonds en caisse suffisants pour opérer un remboursement, soit d'office, soit autorisé par l'Administration, la partie prenante sera invitée à attendre les premières recettes.

Fonds en caisse insuffisants.

69. On procède comme en matière de remboursement pour justifier de la remise des fonds aux destinataires des dépêches internationales portant réponse payée (art. 42).

Remise de fonds aux destinataires de dépêches internationales avec réponse payée.

Outre les fonds et le reçu habituel, le facteur emporte une quittance conforme au modèle ci-après :

Souche n°	Date	Télégramme n°
Reçu la somme de		de
		pour
		du
Signé :	187 .	portant demande de réponse payée.

Les bureaux qui ne posséderaient pas d'imprimé de ce modèle traceraient les quittances à la main.

La personne à laquelle la dépêche et l'argent sont laissés signe le reçu de la dépêche et appose en outre sa signature à l'encre sur la quittance. Le facteur veille, sous sa responsabilité, à l'accomplissement de ces formalités.

Pendant la course du facteur, l'argent retiré de la caisse est remplacé par une note indiquant la quotité des fonds en route.

Au retour de cet agent, le comptable inscrit la somme remise au registre des remboursements (voir art. 63), et annexe la quittance signée par la partie prenante au lieu et place de l'émargement.

Si l'expédition de la dépêche doit s'effectuer par la poste, la quittance est renfermée avec la dépêche sous l'enveloppe, mais sans qu'aucune valeur l'accompagne. Le bureau joint à ces deux pièces un avis ainsi conçu :

« *En renvoyant franco la quittance ci-jointe, signée, au bureau télégraphique de . . . , le destinataire de la présente dépêche est autorisé, soit à faire retirer la somme représentant la taxe versée pour la réponse, soit à expédier en franchise une réponse de taxe égale ou inférieure à cette somme.* »

Dans aucun cas il n'est passé écriture, au registre des remboursements, avant le retour de la quittance signée.

Si, par exception, le bureau d'arrivée n'avait pas en caisse les fonds nécessaires pour représenter le montant de la réponse, il joindrait à sa dépêche, en le renfermant sous l'enveloppe, un bon de caisse libellé de la manière suivante :

« *Bon pour la somme de* (1) . . . . . *en échange duquel M.* . . . . . *sera admis à déposer en franchise, comme réponse à la dépêche n°* . . . . *de* . . . . . *en date du* . . . . . , *une dépêche télégraphique de taxe égale ou inférieure à cette somme.* »

« *Ce bon est valable pour huit jours pleins.* »

Lorsque le destinataire se présenterait au bureau avec ce bon, la dépêche serait acceptée et les écritures passées au registre des remboursements.

70. Un état mensuel du modèle ci-après indiqué sera annexé au relevé du carnet D, adressé tous les mois à l'Administration. Chaque dépêche ayant donné lieu à une remise d'argent y figurera à la date où la somme a été délivrée.

État O.

---

(1) Inscrire la somme en toutes lettres et en chiffres ; par exemple : Vingt francs (20 ').

BUREAU
de............
—
MOIS
de............

État des sommes payées pendant le mois de ....
pour les réponses internationales affranchies.

DATE des PAYEMENTS.	DÉSIGNATION DES DÉPÊCHES.	SOMMES PAYÉES.	OBSERVATIONS.
2 janvier.	Dépêche n° 387, de Turin pour Noyen, portant mention, réponse payée............	4ᶠ 00ᶜ	
4 janvier.	Dépêche n° 18, de la Valette (Malte) pour Noyen, portant mention, réponse payée, treize francs cinquante centimes................	13ᶠ 50ᶜ	

Les bureaux qui ne seraient pas pourvus de cet état le dresseraient à la main. Il n'est pas produit d'état négatif.

VERSEMENTS.

Époques des versements. Leur quotité.

71. Le dernier jour non férié de chaque mois, le comptable des recettes doit verser (1), dans la caisse du receveur des finances ou du percepteur de sa résidence, la recette du bureau jusques et y compris celle du jour précédent, sauf les fractions de franc qu'il conserve en caisse. Les pièces de dépenses du mois précédent (états F et G) doivent être comprises (voir art. 78). La recette du dernier jour ou des derniers jours est reportée au versement du mois suivant.

____

(1) Le comptable doit verser les valeurs mêmes qu'il a encaissées.

72. Par exception, le versement du mois de décembre est différé jusqu'aux premiers jours de janvier, afin d'y comprendre la recette du ou des derniers jours de l'année, et les pièces de dépenses soumises au visa de l'inspecteur départemental. La recette de fin d'année comprend les centimes formant le solde de l'année écoulée.

Versement des recettes de décembre.

73. Tout versement doit être accompagné d'un bulletin (modèle I) détaillant la nature des valeurs dont il se compose et appuyé d'un état des recettes effectuées depuis le dernier versement, afin de servir de titre de perception à l'agent du Trésor (modèle H).

Pièces à l'appui. Bulletin de versement.

État H.

74. Cet état doit être modifié à la main dans les postes où les versements ne sont faits que lors du passage du percepteur. Si les versements ont lieu chaque mois, la série des dates comprises entre deux versements sera substituée aux dates imprimées. Par exception, il sera produit à l'appui du versement fait en janvier deux états modèle H, l'un relatif à la dernière partie du mois de décembre de l'année écoulée, l'autre aux premiers jours de janvier.

Si l'intervalle entre deux versements est supérieur au délai d'un mois, il est produit autant d'états modèle H qu'ils comprennent de périodes de trente jours.

75. Les versements effectués par les comptables du service télégraphique sont inscrits par les receveurs ou

Inscription des versements au livret K.

percepteurs des finances sur un livret (modèle K) conservé par le comptable pour lui servir de décharge. Ces inscriptions sont faites en toutes lettres et sont signées par l'agent du Trésor. Les livrets sont totalisés à la fin de chaque mois, et le total est arrêté en fin d'année par ce même agent.

Récépissés
de versement.

76. Les récépissés à souche délivrés par l'agent du Trésor doivent être annexés au bordereau récapitulatif de la semaine du versement comme pièces justificatives, et adressés avec le bordereau à l'inspecteur départemental.

Avis à donner
au
receveur
des finances.

77. Le jour même du versement entre les mains du percepteur, le comptable du bureau télégraphique doit en aviser le receveur des finances de l'arrondissement (voir modèle E).

IX.

ÉCRITURES ET PIÈCES DE COMPTABILITÉ.

ÉTATS F ET G.

États
de frais d'exprès
et
d'affranchisse-
ment.

78. Les frais d'affranchissement, de chargement et d'exprès sont payés sur les fonds de la caisse et sont enregistrés aux états modèles F et G, qui comptent dans la caisse au même titre que les espèces.

Justification
des dépenses.

Les frais d'affranchissement sont admis sur la déclaration du comptable; les frais d'exprès et de chargement sont justifiés : les premiers, par l'émargement des parties prenantes (nul ne peut émarger pour un autre, à moins de justifier d'un pouvoir qui est annexé à l'état F); les seconds, par la production des bulletins de chargement délivrés par les bureaux de poste. Quand la somme payée à l'exprès est supérieure à 10 francs, il est nécessaire d'apposer un timbre de quittance de 10 centimes, en marge, à côté de la signature. Le timbre est à la charge de la partie prenante.

On doit indiquer les numéros donnés aux dépêches au départ, ainsi que les noms des bureaux d'origine, et inscrire le nombre de kilomètres qui séparent le bureau d'arrivée du domicile du destinataire. Lorsque l'exprès est perçu sur ce dernier (voir art. 54, 4°), on inscrit dans la colonne de l'état F, réservée à cet effet, la somme perçue, le numéro de la souche du journal A-1, et celui du bordereau récapitulatif sur lequel la recette est enregistrée.

Indications à porter sur les états F et G.

Lorsque les frais d'exprès à percevoir sur le destinataire n'ont pu être recouvrés, la dépêche est rapportée au bureau; le comptable rattache à la souche le récépissé correspondant à la recette qu'il avait enregistrée par avance et qu'il avait remis à l'exprès, et la somme qui n'a pu être recouvrée fait l'objet d'un remboursement qui doit être inscrit sur le registre spécial, avec toutes les indications nécessaires. Le motif du non-recouvrement est mentionné à l'état F, et on indique la date des écritures d'annulation de recettes, le numéro du registre des remboursements et celui du bordereau récapitulatif dans lequel l'annulation est comprise.

Les états sont arrêtés à la fin de chaque mois et certifiés par le comptable, qui inscrit le total en toutes lettres.

Les états F et G doivent être établis en double expédition; mais une seule expédition, la pièce originale, doit être émargée par les parties prenantes ou être accompagnée de bulletins de chargement.

Ils sont adressés à l'inspecteur en même temps que les autres pièces de comptabilité mensuelle du bureau. L'inspecteur les vérifie, les vise, garde les copies et renvoie les pièces originales au comptable, qui doit les comprendre dans le premier versement qui suit leur réception. Elles sont admises pour comptant par les agents du Trésor.

Le montant de ces états figure constamment dans le solde en caisse, tant qu'ils n'ont pas été remis entre les mains des agents du Trésor.

Le comptable prend note de la date de l'envoi des états au visa de l'inspecteur, ainsi que de l'indication de leur montant.

Il pourra arriver, dans les bureaux d'une faible importance, qu'il n'y ait pas en caisse les sommes nécessaires pour le payement des frais de remise à destination des dépêches. Dans ce cas, le comptable en fera l'avance, mais il pourra en demander aussitôt le remboursement. A cet effet, il adressera les pièces justificatives des payements à l'inspecteur, qui, en échange, lui fera parvenir un mandat sur la caisse du percepteur.

PROCÈS-VERBAL.

79. Le procès-verbal est destiné à l'enregistrement de toutes les transmissions ; les renseignements de toute nature au sujet des incidents de service, tels que non-réponses, attentes prolongées, interruptions, dérangements, etc., doivent y être exactement consignés.

Les sept premières colonnes doivent être remplies au fur et à mesure de la transmission. Il est interdit de commencer la transmission d'une dépêche avant que toutes les indications relatives à la transmission de la précédente ne soient portées au procès-verbal.

Les colonnes 8, 9, 10, 11 et 12 peuvent être remplies à volonté pendant ou même après la séance.

L'employé enregistre aux colonnes 8 et 9 les taxes intérieures ou internationales relevées sur les originaux des dépêches de départ.

Les conditions spéciales d'expédition donnant lieu à des frais accessoires sont mentionnées à la colonne 13, telles que : *réponse payée, recommandation, accusé de réception, réponse* ou *dépêche de retour à n°* , *poste, exprès payé* ou *non payé*, etc. On devra ajouter le lieu réel de destination des dépêches portées par exprès, avec le nombre de kilomètres parcourus, si la taxe est définitive, et avec le mot *arrhes*, si la liquidation n'a pu se faire immédiatement.

Dans le cas de perception à destination, la somme à

4

recouvrer indiquée dans le préambule est également reproduite à la colonne 13.

Les colonnes 8 et 9 du procès-verbal sont totalisées par jour ; à la fin de chaque séance, on doit inscrire les sommes perçues à titre de recettes diverses en reproduisant les mentions du registre à souche. Les colonnes 10, 11 et 12 donnent le moyen de résumer le travail du fil et de le distinguer en transmissions de départ, d'arrivée et de passage. Les colonnes 14, 15 et 16 sont réservées à l'administration centrale pour l'établissement et la vérification des comptes avec les administrations étrangères.

Avant de porter les totaux des dépêches de départ et d'arrivée aux colonnes 1, 2 et 3 du bordereau récapitulatif, dont il est parlé plus loin, on a soin de déduire le nombre des dépêches officielles et de service, de manière à ne porter que le nombre des dépêches privées.

Le même procès-verbal sert pendant une semaine entière (du lundi à l'ouverture au dimanche à la clôture) ; toutes les séances de la semaine sont inscrites à la suite l'une de l'autre ; mais elles doivent être séparées par une ligne tracée à l'encre dans toute la largeur du papier et par l'indication de la date de chacune d'elles.

Le procès-verbal est adressé à l'inspecteur du département le lundi de chaque semaine. Par exception, quand le dernier jour du mois tombe un autre jour que le dimanche, il est établi deux procès-verbaux :

l'un, comprenant les séances du mois qui finit, est envoyé immédiatement; l'autre, qui, partant du commencement du mois, s'applique aux derniers jours de la semaine, est envoyé le lundi suivant.

BORDEREAU RÉCAPITULATIF.

80. Le bordereau récapitulatif (modèle C *bis*) est destiné à recevoir chaque jour les indications relatives à la comptabilité et au mouvement des dépêches privées. Les remboursements et versements y sont inscrits **à la date où ils ont été réellement effectués.**

La série des numéros des bordereaux est annuelle; elle commence au 1ᵉʳ janvier.

Lorsque, pendant la semaine écoulée, il n'y a eu aucune dépêche privée de départ ou d'arrivée, ou aucun mouvement de caisse, c'est-à-dire aucune recette perçue, aucun remboursement ou versement effectué, il n'est pas établi de bordereau.

Les chiffres de la colonne 6, « *Doit,* » représentent les totaux des nombres des colonnes 4 et 5.

En regard de tout remboursement porté dans la colonne 7, on indique dans la colonne d'observations les motifs détaillés du remboursement, exemples : *Remboursement de. . . . fr. . . cent.., pour réponse payée au nº. . . ., en date du. . . . . . . non parvenue.*

Ou encore : *Remboursement de. . . . . fr. . . cent. . ., pour excédant d'arrhes de l'exprès du nº. . . . . de. . . . . pour. . . . ., en date du. . . . . (arrhes. . . . fr. . . . cent.; distance parcourue. . . . kil.).*

Bordereau
récapitulatif.

4

Toutes les recettes diverses doivent figurer dans une des colonnes 4 ou 5, suivant qu'elles s'appliquent au service intérieur ou au service international. On reproduit au tableau intitulé *Renseignements sur les recettes diverses* les indications inscrites sur le registre à souche. Exemple : *Complément pour n°... de... pour... en date du....., erreur de taxe, 20 mots taxés au lieu de 22.*

En regard du jour où un versement est effectué, on doit inscrire dans la colonne 9 la mention suivante :

Le..... (date), versement de...... francs, conformément au récépissé n°.... ci-joint.

Le total de la colonne 10 (dépêches d'arrivée) doit toujours concorder avec le numéro du dernier reçu de la semaine.

Récapitulation annuelle. Le nombre à inscrire en regard de la ligne *Doit* est le **total général** de la colonne 6.

Les deux nombres formant l'*Avoir* sont : le premier, le **total général** de la colonne 7 ; le second, le **total général** de la colonne 8. La somme de ces deux nombres est reportée en dehors de l'accolade, au-dessous du nombre *Doit*.

L'*existant en caisse* comprend : 1° le numéraire ; 2° les pièces de dépenses. On doit toujours s'assurer que l'*existant en caisse* est bien la différence entre les nombres *Doit* et *Avoir*.

Quand le dernier jour du mois n'est pas un dimanche, on établit deux bordereaux correspondant aux deux procès-verbaux prescrits par le dernier paragraphe de l'article 79.

CARNET D.

81. Dès que les résultats de la journée sont arrêtés, ils sont reportés à leur date au carnet spécial (modèle D), et à la feuille détachée qui doit être adressée en fin de mois à l'inspecteur. Ces deux documents sont tenus par jour.

Ces états sont arrêtés par mois et déterminent les totaux généraux, les totaux du mois et ceux des mois antérieurs.

Ils se terminent par une situation faisant ressortir : 1° le solde spécial du mois, tant en numéraire qu'en pièces de dépenses; 2° le solde annuel, dont le montant doit être identique à celui du premier tableau.

Le relevé du carnet (modèle D) doit être envoyé à l'inspecteur départemental dans les quatre premiers jours du mois qui suit celui auquel il se rapporte. Exception est faite à cette règle pour l'état de décembre, qui n'est arrêté qu'après le dernier versement se rapportant à l'année écoulée.

A l'état **D**, envoyé à l'inspection, doivent être joints : 1° les bulletins en vertu desquels les remboursements autres que ceux d'office ont été effectués pendant le mois; 2° l'état O des réponses payées internationales.

ÉTAT RÉCAPITULATIF ANNUEL (MODÈLE J.)

82. Les totaux mensuels du carnet sont reportés,

dès qu'ils ont été arrêtés, à l'état récapitulatif annuel (modèle J) placé à la fin du carnet

Lorsque le dernier versement de l'année est effectué, que l'état modèle D de décembre a été arrêté, et que les résultats en ont été reportés à l'état récapitulatif J, le comptable adresse deux expéditions de ce dernier état à l'inspecteur départemental, qui les transmet à l'administration centrale après les avoir vérifiées et visées.

A l'état J est jointe, quand il y a lieu, une note indiquant les sommes qui n'ont pu être recouvrées sur les destinataires (art. 54), et rappelant les numéros, dates et bureaux d'origine des dépêches ainsi que les motifs du non-recouvrement.

83. Toutes les pièces de comptabilité doivent être tenues avec le plus grand soin, et **doivent concorder entre elles**; ainsi le total général d'un bordereau de fin de mois doit être identique à celui de l'état D du même mois. Les grattages ou surcharges sur les différents registres ou pièces de comptabilité sont interdits. En cas d'erreur, le comptable doit se borner à passer un trait sur les chiffres erronés, mais de telle sorte que ces chiffres restent apparents, et il inscrit au-dessus ou au-dessous les chiffres exacts, en ayant soin d'approuver les ratures par un parafe ou de les faire approuver par les parties prenantes quand il y a lieu.

ENVOI DES PIÈCES A L'INSPECTION.

84. Le lundi de chaque semaine, l'employé muni-cipal doit adresser à l'inspection, avec le procès-verbal et le bordereau récapitulatif :

Envoi
hebdomadaire.
Archives.

1° Les originaux des dépêches de départ (officielles et privées) (1);

2° Les reçus des dépêches officielles et privées;

3° Les rouleaux Morse terminés, quand il y a lieu.

Tous ces documents doivent être mis sous enve-loppe close, à l'adresse de l'inspecteur du département (les enveloppes sont fournies par l'Administration).

Les originaux et les reçus des dépêches privées doivent être enliassés par ordre de numéros.

Les dépêches et les reçus officiels doivent être clas-sés à part, de la même manière.

Les rouleaux Morse sont numérotés d'après une série annuelle commençant au 1er janvier. Ils doivent porter les indications suivantes :

Bureau de.. ... .. Rouleau n°.. .. ..

Commencé le. .. . à. ... h. ... m., matin ou soir.

Terminé le. .. .. à. .. . h. ... m.. matin ou soir,

---

(1) Le numéro d'enregistrement, le timbre du bureau, le nombre de mots, la taxe perçue, la date et l'heure du dépôt, l'heure de la transmission suivie de la signature de l'employé, doivent figurer sur les minutes des dépêches privées.

85. Dans les quatre premiers jours de chaque mois, l'employé doit adresser à l'inspecteur :

1° L'état D avec les bulletins de remboursements, et l'état O, s'il y a lieu ;

2° Les états F et G, avec leurs copies.

86. Dans l'envoi du mois de janvier, aux pièces mensuelles doivent être jointes deux expéditions de l'état J.

X.

TÉLÉGRAPHIE OFFICIELLE.

87. Les dépêches officielles sont celles qui intéressent le service de l'État, et dont la transmission gratuite a été autorisée par un arrêté spécial du Ministre de l'intérieur.

Définition
des dépêches
officielles.

DU DROIT DE REQUÉRIR LA TRANSMISSION GRATUITE.

88. L'état annexe (pages 61 et suiv.) contient la désignation des personnes auxquelles le droit à la franchise a été accordé, et indique, pour plusieurs d'entre elles, les limites dans lesquelles ce droit est exercé.

89. Les fonctionnaires en résidence dans une ville où ne se trouve pas établi un service télégraphique ont la faculté de déposer leurs dépêches à l'un quelconque des bureaux voisins.

Fonctionnaires
dans
une ville
non pourvue
de bureau
télégraphique.

90. Ceux non dénommés dans l'état des franchises peuvent faire transmettre gratuitement leurs dépêches, en les soumettant préalablement au visa de l'autorité dont ils relèvent. Lorsqu'une dépêche urgente ne peut, par suite de circonstances exceptionnelles, être visée en temps utile, l'employé doit néanmoins l'accepter, sauf à la signaler ensuite à l'inspecteur.

Du visa
préalable.

Le mot **visée** doit être transmis à la suite de l'adresse de toute dépêche revêtue d'un visa.

Les dépêches des officiers de gendarmerie peuvent être visées indistinctement par l'autorité judiciaire, civile ou militaire.

De l'ordre de répondre par télégraphe. 91. L'ordre de répondre par télégraphe équivaut au visa.

La dépêche visée peut contenir valablement l'ordre de répondre par télégraphe.

ENREGISTREMENT, TRANSMISSION ET EXPÉDITION DES DÉPÊCHES.

92. L'enregistrement n'a lieu qu'au départ, sur un registre spécial tout à fait distinct du registre à souche A-1. Il se réduit au numéro d'ordre et à l'indication du lieu de destination.

Les règles relatives à la transmission et à la remise à destination des dépêches privées sont applicables aux dépêches officielles (voir art. de 7 à 22).

Adresse. On retire de l'adresse des dépêches officielles les titres et les indications inutiles; exemples :

ADRESSES ORIGINALES.	ADRESSES ABRÉGÉES.
Le Maire de Charlieu à M. le Général commandant la subdivision à Saint-Étienne.	Maire à général Saint-Étienne.
Le Maire de Noyen à M. le Préfet de la Sarthe, au Mans.	Maire à Préfet le Mans.

L'adresse se termine par le nom du bureau télégraphique chargé d'expédier la dépêche à destination, bien que ce nom ait déjà été exprimé dans le préambule.

La station d'arrivée expédie aux fonctionnaires destinataires, sans transcription, les copies reçues à l'appareil. Ces copies doivent être écrites lisiblement. Elles doivent être relues avec soin et signées par l'employé. Remise aux destinataires.

Les reçus des dépêches officielles sont conformes à ceux des dépêches privées, et reçoivent les mêmes mentions. Ils forment une série annuelle, distincte de celle des reçus des dépêches privées. Reçus.

Lorsque le destinataire ne réside pas dans le lieu même où est établi le bureau télégraphique d'arrivée, la dépêche lui est envoyée par poste ou par exprès. Envoi par poste ou par exprès.

Dans les deux cas, les frais d'envoi sont portés sur les états mensuels F et G.

93. L'expéditeur d'une dépêche officielle a le droit de la retirer, pourvu qu'elle n'ait pas été transmise. Retrait de dépêches.

Quand elle a été transmise, une nouvelle dépêche doit annuler la première.

94. Les cours de la Bourse sont transmis en chiffres, dans l'ordre ci-après, avec la hausse ou la baisse sur le cours précédent : Transmission des cours de Bourse.

Rente 3 p. o/o,

Rente 4 1/2 p. o/o,

Rente 5 p. o/o.

L'indication des différences évite le collationnement et sert de preuve.

Il ne faut jamais communiquer les cours sans les avoir comparés avec ceux de la veille. Les bulletins affichés ne doivent indiquer que les cours du jour, dans l'ordre de leur transmission, sans y ajouter la hausse ou la baisse.

Dépêches
de
chemins de fer.

95. Les dépêches des compagnies de chemins de fer peuvent, dans certains cas, emprunter les fils de l'État. Elles sont, sauf le cas où elles intéresseraient la sécurité des voyageurs, transmises après les dépêches officielles, mais avant les avis de service non urgents. On les annonce par la mention : *Service Chemin de fer.*

EXTRAIT DE L'ÉTAT GÉNÉRAL DES FRANCHISES.

DÉPARTEMENT MINISTÉRIEL.	DÉSIGNATION DES FONCTIONNAIRES.	ÉTENDUE DE LA FRANCHISE.
Agriculture et commerce.	Les inspecteurs généraux et les directeurs des haras.	Avec le Ministre.
	L'inspecteur général du service sanitaire, les directeurs de la santé ou directeurs de lazaret, les agents spéciaux du service sanitaire du littoral et les préposés du service des douanes remplissant les fonctions d'agent sanitaire dans les localités maritimes.	Entre eux, avec le Ministre du commerce et le préfet du département, pour le service sanitaire du littoral.
Finances ..	Les trésoriers payeurs généraux.	Avec les Ministres.
	Les directeurs et les contrôleurs des postes.	Avec le directeur général des postes et leurs collègues des départements limitrophes.
	Les chefs des bureaux ambulants des postes.	Pour leur correspondance de service.
Guerre.... (1)	Les maréchaux ou les généraux commandant un corps d'armée, les généraux commandant les divisions, les généraux commandant les subdivisions militaires qui ne résident pas au chef-	Franchise administrative illimitée.

NOTA. Le Prince de Monaco et le gouverneur général de la principauté jouissent de la franchise illimitée; le secrétaire de S. A. S. a une franchise limitée à sa correspondance pour le service du Prince.

(1) *En Corse*, les officiers et les chefs de brigade de gendarmerie ont la franchise : les premiers avec leurs chefs et leurs collègues du département; les seconds, avec leur commandant d'arrondissement, leur chef de légion et le général commandant la division.

DÉPARTEMENT MINISTÉRIEL.	DÉSIGNATION DES FONCTIONNAIRES.	ÉTENDUE DE LA FRANCHISE.
Guerre.... (Suite.)	lieu de la division, les commandants militaires (c'est-à-dire les commandants de places de guerre) et les chefs de légion de gendarmerie, lorsque dans leur résidence il n'y a pas d'officier général, les intendants militaires, le plus ancien sous-intendant dans les villes où il n'y a pas d'intendant, et les maires faisant fonctions de sous-intendant.	Franchise administrative illimitée.
Intérieur..	Les préfets.........	Administrative illimitée.
	Les sous-préfets.....	*Idem.*
	Les maires, dans les villes où il n'y a pas de sous-préfet. (*Voir au département de la guerre.*)	Administrative avec le préfet ou le sous-préfet et le procureur de la République de l'arrondissement; avec les inspecteurs généraux et les ingénieurs des mines, pour les dépêches relatives aux accidents, désordres et grèves dans les mines et usines.
	Le préfet de police...	Administrative illimitée.
	Les commissaires divisionnaires de police spéciale des chemins de fer.	Avec le Ministre de l'intérieur, le préfet de police, leurs collègues, les commissaires spéciaux, les inspecteurs de police de leur circonscription et les préfets.
	Les commissaires spéciaux de police sur les chemins de fer, et les commissaires spéciaux de police chargés de la surveillance à la frontière.	Avec le Ministre de l'intérieur, le préfet de police, les commissaires divisionnaires dont ils relèvent, tous les préfets, le sous-préfet et le procureur de la République de l'arrondissement, tous leurs collègues et les inspecteurs sous leurs ordres.
	Les commissaires de police.	Avec le préfet, le sous-préfet et le procureur de la République de l'arrondissement.

DÉPARTEMENT MINISTÉRIEL.	DÉSIGNATION DES FONCTIONNAIRES.	ÉTENDUE DE LA FRANCHISE.
Intérieur. . (Suite.)	Les Inspecteurs généraux des prisons.	Pour leur correspondance de service urgente, et pendant le cours de leurs tournées, avec les agents soumis à leur inspection, les membres de la commission de surveillance des prisons, les préfets et les sous-préfets.
	Les directeurs des pénitenciers et des dépôts de détention.	Entre eux et avec le Ministre de l'intérieur, le préfet, les procureurs de la République du département, le commandant de gendarmerie et les premiers gardiens des succursales.
Instruction publique et cultes.	Les recteurs d'académie.	Avec les Ministres.
	Les chefs des stations météorologiques (ou correspondants de l'Observatoire).	Pour les dépêches à transmettre à l'Observatoire de Paris et indiquant l'état atmosphérique de leur résidence (et entre eux dans le département de la Meuse).
	Les archevêques et les évêques.	Avec les Ministres.
Justice. . . .	Les premiers présidents des cours d'appel.	Avec les Ministres.
	Les procureurs généraux.	Administrative illimitée.
	Les procureurs de la République, dans les villes où il n'y a pas de procureur général.	*Idem.*
Marine. . . .	Les préfets maritimes et les commandants d'escadre.	Administrative illimitée.
	Les commissaires, chefs du service de la marine, dans les villes où il n'y a pas de préfet maritime.	*Idem.*
	Les commandants des divisions navales et les commandants des subdivisions.	Entre eux et avec le Ministre de la marine, les préfets maritimes, les chefs du service de la marine, les commandants des subdivisions navales du littoral, les com-

DÉPARTEMENT MINISTÉRIEL.	DÉSIGNATION DES FONCTIONNAIRES.	ÉTENDUE DE LA FRANCHISE.
Marine.... (Suite.)	Les commandants des divisions navales et les commandants des subdivisions. (Suite.)	missaires de l'inscription maritime, les officiers et officiers-mariniers des bâtiments garde-côtes, les administrateurs des sous-quartiers de l'inscription maritime et les syndicts des gens de mer.
	Les administrateurs des sous-quartiers et les capitaines des bâtiments garde-côtes.	Entre eux et avec le Ministre, les préfets maritimes, les chefs du service de la marine, les commandants des divisions et des subdivisions navales, les guetteurs des sémaphores et les syndics des gens de mer.
	Les commissaires de l'inscription maritime.	*Idem* et, en outre, avec les chefs des parquets des tribunaux pour les affaires déférées aux tribunaux maritimes commerciaux.
	Les officiers commandants des bâtiments de l'État.........	Avec les commandants des divisions; avec les guetteurs des sémaphores, pour les dépêches relatives aux secours à porter aux navires en mer.
	Les inspecteurs des électro-sémaphores.	Avec les chefs du service de la marine, les guetteurs et les préfets maritimes de leur circonscription.
	Les guetteurs des postes électro-sémaphoriques.	Avec les préfets maritimes, les administrateurs et les commissaires de l'inscription maritime, les chefs du service de la marine, les inspecteurs des électro-sémaphores, les syndics des gens de mer et les commandants des bâtiments de l'État pour les dépêches relatives aux secours à porter aux navires en mer.
	Les directeurs des établissements maritimes de Guérigny, Indret, Ruelle et Nevers.	Entre eux et avec le Ministre de la marine, les préfets maritimes, le préfet du département, les gardes-magasins et chefs de section dépendant du service des forges de la marine; les ingénieurs des forges, les maîtres en résidence près des usines de l'industrie privée, et *réciproquement*.

DÉPARTEMENT MINISTÉRIEL.	DÉSIGNATION DES FONCTIONNAIRES.	ÉTENDUE DE LA FRANCHISE.
Marine.... (Suite.)	Les officiers et officiers-mariniers commandant les détachements de marins qui voyagent à l'intérieur.	Avec les généraux, les intendants et sous-intendants militaires, les maires, les officiers et sous-officiers de gendarmerie en résidence dans les lieux de l'itinéraire suivi par les détachements.
	Les syndics des gens de mer (dans les localités où ne résident pas de chef du service de la marine, de commissaire ou d'administrateur de l'inscription maritime).	Avec les commissaires de l'inscription de leur quartier; les administrateurs de l'inscription maritime du sous-quartier; les guetteurs des sémaphores du syndicat; les capitaines des bâtiments garde-côtes; les commandants des divisions navales et les commandants des subdivisions navales du littoral; le chef du service de la marine de leur sous-arrondissement.
Travaux publics.	Les ingénieurs et conducteurs des ponts et chaussées.	Entre eux et avec les directeurs d'observatoire, les officiers de port, les préfets, sous-préfets et maires (pour l'annonce des crues, le service des barrages et du balisage des rivières et le service des ports), dans l'étendue du bassin fluvial.
	Les inspecteurs généraux et ingénieurs des mines.	Entre eux et avec le Ministre des travaux publics, les préfets, sous-préfets et maires, dans l'étendue de leur circonscription pour les dépêches relatives aux accidents, désordres et grèves dans les mines et usines.
	Les ingénieurs, commissaires et autres agents préposés à la surveillance administrative des compagnies de chemins de fer.	Avec le Ministre des travaux publics, le préfet du département, le procureur de la République du ressort et les ingénieurs du contrôle, pour la correspondance en cas d'accidents sur les voies ferrées.

XI.

INSTRUCTIONS DIVERSES.

Réclamations.

96. Toute réclamation verbale ou écrite, formulée par l'expéditeur ou le destinataire d'une dépêche, **doit être transmise immédiatement à l'inspecteur du département.**

La dépêche qui fait l'objet de la réclamation doit être désignée par son numéro d'origine, la date de son dépôt, le bureau de départ et le bureau de destination.

Quand il s'agit d'une dépêche de départ, et que l'employé a encore entre les mains l'original, il doit adresser à l'inspecteur une copie certifiée conforme. S'il s'agit d'une dépêche d'arrivée, il enverra le reçu. Dans tous les cas, il fournira à l'appui de la réclamation toutes les explications possibles.

Avis à donner
aux
expéditeurs
en cas
d'interruption.

97. En cas d'interruption momentanée de la communication télégraphique, l'employé ne doit accepter de dépêches qu'après avoir prévenu les expéditeurs.

Franchise
postale.

98. Conformément à la décision du Ministre des finances en date du 28 juillet 1862, l'employé chargé d'un service télégraphique a la franchise postale avec :

1° L'inspecteur ou le sous-inspecteur du département;

2° Le directeur du bureau chef-lieu du département et les chefs de tous les bureaux télégraphiques du département;

3° (*Sous bandes seulement*) le receveur particulier des finances de l'arrondissement.

Il est absolument interdit d'introduire dans les plis de service des lettres, pièces ou objets quelconques qui n'auraient pas un caractère administratif.

L'employé est tenu d'apposer de sa main, sur l'adresse des lettres et paquets qu'il expédie, sa signature au-dessous de la désignation de sa fonction. — *L'apposition de la signature de l'employé est obligatoire.*

Quand la correspondance est expédiée par lettre fermée au lieu de l'être sous bandes, le contre-seing de l'employé doit être accompagné de la mention : *Nécessité de fermer.*

L'enveloppe doit être conforme au modèle ci-dessous : — *Modèle d'enveloppe.*

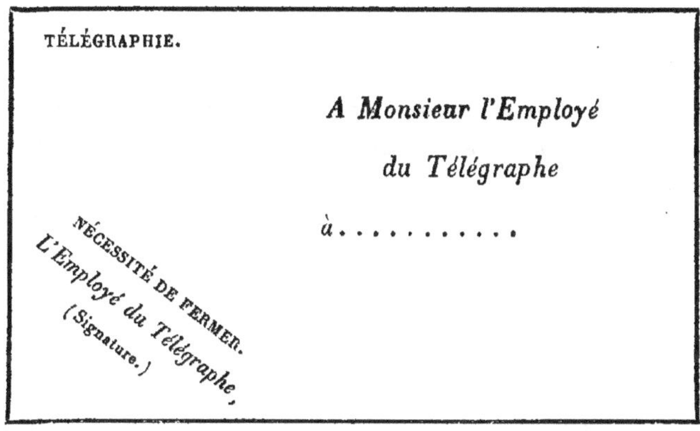

Les lettres et paquets de service doivent être remis à l'intérieur du bureau de poste; s'ils étaient jetés à la boîte comme des lettres ordinaires, ils pourraient être assujettis à la taxe.

99. Toutes les fois que, sur une question de service (taxation de dépêches internationales, manière de compter les mots, dépêches recommandées, collationnées, faire suivre, exprès, etc. etc.), **l'employé municipal éprouvera de l'hésitation ou de l'embarras, il devra consulter le bureau de l'État avec lequel il correspond directement.**

Pénalité en cas de violation du secret de la correspondance télégraphique.

100. Aux termes de l'article 5 de la loi du 29 novembre 1850, l'employé qui viole le secret de la correspondance télégraphique est puni des peines portées en l'article 187 du Code pénal (1).

Interdiction de l'entrée du poste à toute personne étrangère au service.

101. **Il est interdit d'introduire dans la pièce réservée au télégraphe aucune personne étrangère au service. Cette défense ne comporte aucune exception.**

Absences du gérant

102. **L'employé municipal ne peut s'absenter sans autorisation préalable du maire et de l'inspecteur.**

---

(1) Les peines portées en l'article 187 sont : amende de 16 à 500 francs et emprisonnement de trois mois à cinq ans; interdiction de toute fonction ou emploi public pendant cinq ans au moins et dix ans au plus.

XII.

MATÉRIEL.

103. Il est défendu de toucher au mécanisme intérieur ou aux organes essentiels des appareils, et notamment aux électro-aimants du récepteur, du parleur et de la sonnerie.

Les boîtes qui recouvrent ces divers appareils ne doivent jamais être enlevées.

Le réglage du parleur est déterminé par le contrôleur, lors de ses tournées; il ne doit pas être modifié par l'agent municipal.

Le seul réglage que doive effectuer ce dernier est celui du ressort antagoniste du récepteur.

Dans l'appareil à cadran, ce ressort est tendu ou détendu à l'aide d'une petite clef munie d'une aiguille qui tourne autour d'un petit cadran en cuivre dont la circonférence est divisée en parties égales. Il ne faut jamais tendre outre mesure le ressort de rappel; on risquerait ainsi de lui faire perdre son élasticité.

La tension qu'il convient de ne pas dépasser est celle qui correspond à la position de l'aiguille de la petite clef devant la trentième division du cadran qu'elle parcourt.

Quand le récepteur est mal réglé, on invite le correspondant à tourner sa manivelle lentement, en augmentant progressivement de vitesse. Pendant cette opération, on détend d'abord le ressort de rappel, en tournant de droite à gauche l'aiguille du petit cadran jusqu'au zéro, puis on le tend par une manœuvre inverse jusqu'à ce que le récepteur fonctionne régulièrement.

En cas de réglage défectueux, il est facile de reconnaître s'il faut tendre ou détendre le ressort : il faut le tendre, si l'aiguille du récepteur s'arrête sur les lettres de rang impair, A, C, E, etc. ; il faut le détendre au contraire, si elle s'arrête sur les lettres de rang pair, B, D, F, etc.

Dans l'appareil Morse.

Dans l'appareil Morse, le réglage du ressort de rappel se fait au moyen d'une vis spéciale qu'on tourne dans un sens ou dans l'autre, suivant qu'on veut augmenter ou diminuer la tension. Pour régler, on invite le correspondant à faire des points, et on procède d'une manière analogue à ce qui a été dit plus haut pour le réglage du récepteur à cadran, jusqu'à ce que l'impression des points se fasse régulièrement.

L'examen du galvanomètre est obligatoire avant chaque appel.

104. Quand deux bureaux sont desservis par un seul et même fil, l'employé ne doit jamais attaquer le bureau de l'État sans s'être assuré auparavant, par l'examen du galvanomètre, que la ligne est libre et qu'aucun poste ne travaille. Il faut attendre, pour attaquer le bureau de l'État, que l'aiguille du galvanomètre soit immobile.

PILE MARIÉ-DAVY.

105. Cette pile est généralement employée aujourd'hui dans les bureaux municipaux.

Chaque élément se compose d'un vase en verre dans Sa composition. lequel est placé un manchon en zinc; ce manchon porte une queue de cuivre soudée à un barreau en charbon qui plonge dans le vase poreux de l'élément suivant. On met dans l'intérieur du manchon en zinc un vase très-poreux, contenant une pâte formée de sulfate d'oxydule de mercure et d'eau, et l'on fait plonger dans cette pâte le charbon soudé au zinc de l'élément précédent. Le vase en verre est rempli d'eau jusqu'à un demi-centimètre environ du bord supérieur du zinc. La pâte de sulfate de mercure doit être préparée de la manière suivante : ce sel est livré par le commerce sous la forme d'une poudre blanche insoluble; on en jette, dans un vase contenant de l'eau, un poids suffisant pour obtenir la quantité de pâte dont on a besoin pour monter la pile (environ 200 grammes par élément). On prend la pâte au moyen d'une spatule en bois; puis, ayant placé le charbon au milieu du vase poreux, on achève de remplir ce vase avec la pâte, que l'on serre fortement contre le charbon.

1° Il faut avoir le soin de maintenir le niveau de Son entretien. l'eau à peu près constant dans les vases en verre.

2° Il faut enlever les efflorescences qui se forment sur les tiges en cuivre et autour des vases en verre. On a constaté en effet que ces efflorescences établissent quelquefois entre les divers éléments des communications telles que le courant de la pile cesse entièrement.

3° Les vases poreux ne doivent jamais toucher les manchons en zinc. Si ce contact existait sur quelques points, il s'y formerait un courant local assez intense pour que le zinc s'use très-rapidement et se trouve même perforé.

4° Les éléments de la pile doivent être bien séparés les uns des autres, de manière qu'il n'y ait aucun contact entre les différents vases en verre.

5° Les tiges de cuivre se rompent quelquefois aux points de soudure; il faut les visiter de temps en temps et ne les manier qu'avec précaution.

6° La pile doit être placée dans un meuble fermé.

Sa durée

Une pile ainsi entretenue peut fonctionner de dix à quinze mois. Lorsque ses effets sont devenus insuffisants, il faut la remonter entièrement. C'est en vain qu'on tenterait de lui rendre une énergie suffisante en ajoutant du sulfate de mercure dans les vases poreux.

Résidus.

Pour refaire la pile, on vide complétement les vases poreux, et, après en avoir décanté l'eau, on recueille soigneusement les résidus pour les renvoyer en temps utile au magasin de l'inspection.

Ces résidus ne doivent jamais être employés dans la réfection de la pile; il faut faire exclusivement usage de sulfate neuf.

DÉRANGEMENTS.

Recherche des dérangements.

106. La figure 1 indique le mode d'installation d'un bureau desservi par un appareil à cadran.

Fig. 1.

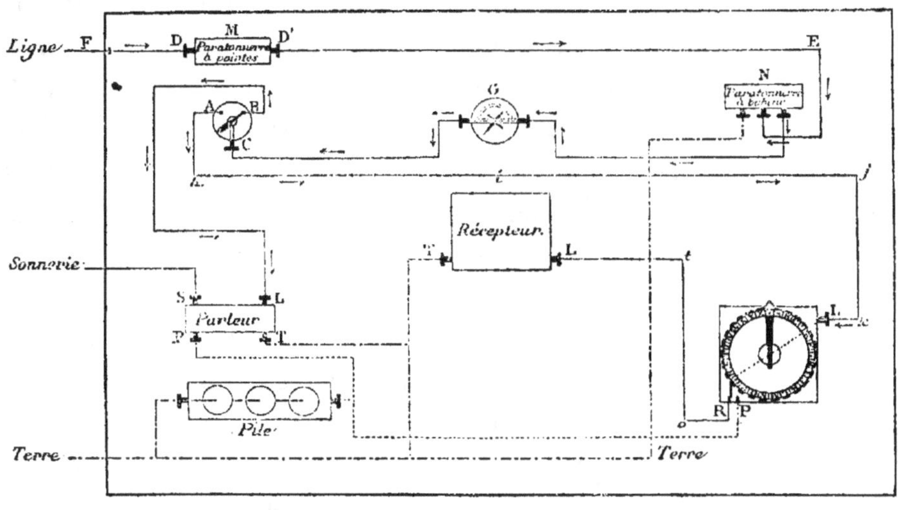

Communications.....
{
——————— Fils de ligne.
— . — . — . — . Fils de terre.
. . . . Fils de pile.
}

Lorsque la manette du commutateur C se trouve sur le contact B, le courant venant de la ligne suit la marche indiquée par les flèches, et entre dans le parleur qui fait fonctionner la sonnerie. On dit dans ce cas que le poste est **sur parleur.**

Quand la manette est placée sur le contact A, le poste est **sur appareil;** le courant, au lieu d'entrer dans le parleur, vient faire fonctionner le récepteur, en suivant le parcours A h i j K L R o t.

Dans le cas d'une interruption ou d'une non-réponse prolongée, l'employé doit vérifier l'état de son poste. A cet effet, il détache complétement le

Vérification du poste.

fil de ligne F D de la borne D du paratonnerre à pointes, et le remplace par un fil volant en gutta-percha. Une des extrémités de ce fil d'expérience est fixée dans la borne D, et l'autre est attachée à la borne R du manipulateur, sans qu'on en fasse sortir le fil venant du récepteur. Puis on transmet quelques signaux; si ces signaux sont reproduits par le récepteur, on en conclut que le poste est bon, et que le dérangement est sur la ligne.

Dérangement de ligne.

Si, au contraire, l'aiguille du récepteur reste immobile, le dérangement est dans le poste.

Dérangement de poste.

Deux cas peuvent se présenter.

1° Le galvanomètre n'accuse aucune déviation.

Il y a alors ou un défaut de pile ou un isolement dans le circuit intérieur du poste.

Il faut vérifier les éléments de la pile les uns après les autres, s'assurer que les communications sont bien établies entre eux, qu'aucune tige de cuivre reliant les zincs aux charbons n'est rompue, que les fils attachés aux deux pôles ne sont ni desserrés ni brisés, que l'eau des vases est en quantité suffisante (voir art. 105). On passe ensuite à l'examen des différents fils de la table de manipulation, fils de ligne, de terre, de pile; on s'assure qu'ils sont tous bien serrés dans leurs bornes, qu'aucun d'eux n'est rompu. Si ces recherches, qui doivent être faites avec la plus grande attention, n'amènent aucun résultat, on prévient l'inspecteur par la voie la plus prompte en lui indiquant les expériences effectuées.

2° Le galvanomètre accuse une forte déviation.

Dans ce cas, il y a perte à la terre. **L'employé doit tout d'abord vérifier le paratonnerre à bobine, où se trouve fréquemment le dérangement.**

Pour cela il enlève la bobine de sa gaîne et place la manette sur le contact r (fig. 2).

Si, dans cette nouvelle position, la forte déviation persiste, le dérangement n'est pas dans le paratonnerre à bobine, mais il peut être dans le paratonnerre à pointes; pour s'en assurer, on retire ce paratonnerre du circuit en le séparant du fil D E, et on relie ce dernier à l'une des extrémités du fil volant, l'autre extrémité restant toujours en communication avec la borne R (fig. 1).

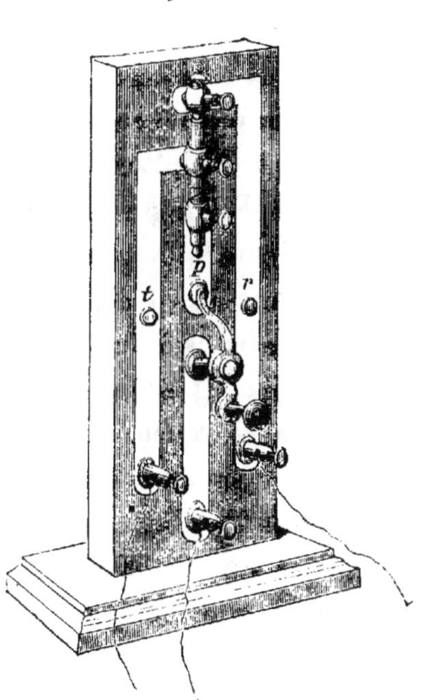

On s'assure qu'aucun fil de ligne ou de pile ne communique avec le fil de terre, qu'aucun objet métallique tel que pince, couteau, ciseaux, plumes de fer, n'est en contact avec les fils sur la table de manipulation.

Si toutes ces recherches n'amènent aucun résultat, on supprime tout le circuit intérieur du poste, en réunissant directement en F, à l'entrée du bureau, le fil extérieur de ligne qui a été préalablement détaché du fil F D, à une extrémité du fil d'expérience, dont l'autre extrémité sera reliée à la borne L du manipulateur dont on aura enlevé le fil qui y aboutit ordinairement, et l'on pourra ainsi communiquer avec le correspondant, et avertir l'inspecteur.

Précautions en cas d'orage. **En cas d'orage, l'employé municipal doit mettre le paratonnerre à bobine à la terre,** c'est-à-dire placer la manette sur le contact *t*.

Quand l'orage est passé, il rétablit la communication normale, après avoir eu le soin de vérifier les paratonnerres et en particulier le paratonnerre à bobine.

Si le fil préservateur de la bobine a été atteint par une décharge électrique, s'il a été rompu ou si la soie qui le recouvre a été brûlée, il faut retirer la bobine de sa gaîne et placer la manette sur le contact *r*.

Dans les bureaux desservis par l'appareil Morse, les communications sont les mêmes que celles indiquées par la figure 1; le manipulateur et le récepteur à cadran sont purement et simplement remplacés par un manipulateur et un récepteur Morse.

Fig. 3.

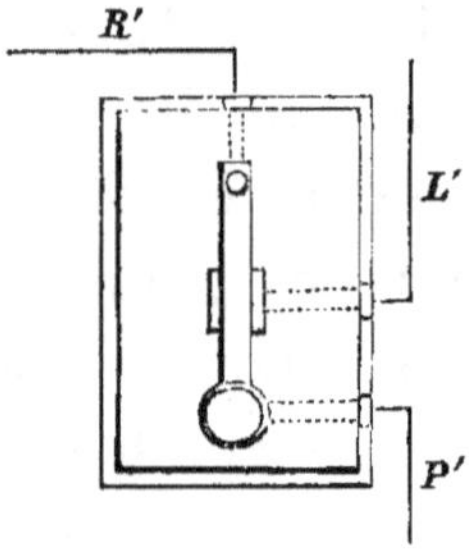

Les expériences pour la vérification du poste s'effectuent de la même manière; les bornes R′, L′, P′ du manipulateur Morse (fig. 3) remplacent les bornes R, L, P du manipulateur à cadran (fig. 1).

Paris, le 1er juillet 1873.

MODÈLES

DES IMPRIMÉS EN USAGE.

MINISTÈRE DE L'INTÉRIEUR.

ADMINISTRATION DES LIGNES TÉLÉGRAPHIQUES.

DÉPARTEMENT d

BUREAU d

(A - 1)

JOURNAL À SOUCHE

DES RECETTES EN NUMÉRAIRE.

Nᵒ

Commencé le

Terminé le } 187

Le présent journal, contenant
feuillets numérotés, dont le premier et le dernier parafés par le soussigné, a été remis
le   187   à
M.   pour le
service du bureau d

L'Inspecteur du département d

(Voir au dos.)

(Instruction. Art. 55.)

Janvier 1873. Imprimés. — Modèle nº 341.

REMISE DE SERVICE

NOMS DES COMPTABLES		SIGNATURES DES COMPTABLES.		DATE de la REMISE du service.	VISA DE L'INSPECTEUR DU DÉPARTEMENT.
ENTRANT.	SORTANT.	ENTRANT.	SORTANT.		(Date et signature.)

TAXES.	
fr.	c.

Report du registre A¹, n° ...

	1	Reçu.....
		pour _______
		avec _______
		_______ mots.

	2	Reçu.....
		pour _______
		avec _______
		_______ mots.

	3	Reçu.....
		pour _______
		avec _______
		_______ mots.

	4	Reçu.....
		pour _______
		avec _______
		_______ mots.

	5	Reçu.....
		pour _______
		avec _______
		_______ mots.

	6	Reçu.....
		pour _______
		avec _______
		_______ mots.

	7	Reçu.....
		pour _______
		avec _______
		_______ mots.

	8	Reçu.....
		pour _______
		avec _______
		_______ mots.

	9	Reçu.....
		pour _______
		avec _______
		_______ mots.

	10	Reçu.....
		pour _______
		avec _______
		_______ mots.

À reporter au registre A¹, n° ...

ADMINISTRATION DES LIGNES TÉLÉGRAPHIQUES.

TÉLÉGRAPHIE. fr. c.
1 Reçu... pour _______ avec _______ _______ mots.

TÉLÉGRAPHIE. fr. c.
2 Reçu... pour _______ avec _______ _______ mots.

TÉLÉGRAPHIE. fr. c.
3 Reçu... pour _______ avec _______ _______ mots.

TÉLÉGRAPHIE. fr. c.
4 Reçu... pour _______ avec _______ _______ mots.

TÉLÉGRAPHIE. fr. c.
5 Reçu... pour _______ avec _______ _______ mots.

TÉLÉGRAPHIE. fr. c.
6 Reçu... pour _______ avec _______ _______ mots.

TÉLÉGRAPHIE. fr. c.
7 Reçu... pour _______ avec _______ _______ mots.

TÉLÉGRAPHIE. fr. c.
8 Reçu... pour _______ avec _______ _______ mots.

TÉLÉGRAPHIE. fr. c.
9 Reçu... pour _______ avec _______ _______ mots.

TÉLÉGRAPHIE. fr. c.
10 Reçu... pour _______ avec _______ _______ mots.

Les remboursements de taxe ne peuvent être effectués que contre la remise de la présente quittance.

Les remboursements de taxe ne peuvent être effectués que contre la remise de la présente quittance.

Les remboursements de taxe ne peuvent être effectués que contre la remise de la présente quittance.

Les remboursements de taxe ne peuvent être effectués que contre la remise de la présente quittance.

Les remboursements de taxe ne peuvent être effectués que contre la remise de la présente quittance.

Les remboursements de taxe ne peuvent être effectués que contre la remise de la présente quittance.

Les remboursements de taxe ne peuvent être effectués que contre la remise de la présente quittance.

Les remboursements de taxe ne peuvent être effectués que contre la remise de la présente quittance.

Les remboursements de taxe ne peuvent être effectués que contre la remise de la présente quittance.

A rembourser :
Remboursement effectué par le bureau
d

* Indiquer la date si le remboursement a été effectué par le bureau qui fait usage du présent journal.

A rembourser :
Remboursement effectué par le bureau
d

* Indiquer la date si le remboursement a été effectué par le bureau qui fait usage du présent journal.

A rembourser :
Remboursement effectué par le bureau
d

* Indiquer la date si le remboursement a été effectué par le bureau qui fait usage du présent journal.

A rembourser :
Remboursement effectué par le bureau
d

* Indiquer la date si le remboursement a été effectué par le bureau qui fait usage du présent journal.

A rembourser :
Remboursement effectué par le bureau
d

* Indiquer la date si le remboursement a été effectué par le bureau qui fait usage du présent journal.

A rembourser :
Remboursement effectué par le bureau
d

* Indiquer la date si le remboursement a été effectué par le bureau qui fait usage du présent journal.

A rembourser :
Remboursement effectué par le bureau
d

* Indiquer la date si le remboursement a été effectué par le bureau qui fait usage du présent journal.

A rembourser :
Remboursement effectué par le bureau
d

* Indiquer la date si le remboursement a été effectué par le bureau qui fait usage du présent journal.

A rembourser :
Remboursement effectué par le bureau
d

* Indiquer la date si le remboursement a été effectué par le bureau qui fait usage du présent journal.

A rembourser :
Remboursement effectué par le bureau
d

* Indiquer la date si le remboursement a été effectué par le bureau qui fait usage du présent journal.

Arrêté le présent Journal à souche,

à

le   187

L   *Comptable des recettes ,*

PARTIE A SUPPRIMER LORSQUE LE JOURNAL EST ÉPUISÉ.

6.

Reçu	TÉLÉGRAMME.	Envoi à domicile :
d _______________	Indications diverses.	N° _______________
Signature :		à ___ h. ___ min. du ___

Pour ___ de ___ N° ___ Mots ___ Déposé le ___ 187_ à ___ h. ___ min. du ___ ,

PAPIER AZURÉ.

(Instruction. — Art. 24.)

Arrivée.) Mod. n° 324. Nov. 1872.

Reçu	TÉLÉGRAMME.	RÉEXPÉDITION OU ENVOI À DOMICILE.
de	Indications diverses.	
à __ h. __ min. du		à __ h. __ min. du
Signature:		

Pour__ de__ V° __ Mots __ Déposé le ____ 187_ , à ____ h. ____ min. du ____ .

PAPIER JAUNE.

(Off. ou serv.) Mod. 307. Janvier 1873.

(Instruction. — Art. 92.)

TÉLÉGRAPHIE.   N°

____

BUREAU

d   Reçu le   187 ,

                                    à   heure   min. du   , un télégramme

                                    adressé à M.

Remis au facteur
à   heure   min.
Rentrée du facteur
à   heure   min.
Signature du facteur :

(Instruction. — Art. 25 et 92.)

(Janv. 1872. — Imprimés. — Modèle n° 337.)

MINISTÈRE
DE L'INTÉRIEUR.

ADMINISTRATION
DES
LIGNES TÉLÉGRAPHIQUES.

PRODUITS.

(F.)

EXERCICE 187 .

CHAPITRE . — DÉPENSES SPÉCIALES DE LA TÉLÉGRAPHIE PRIVÉE.

DÉPARTEMENT d

BUREAU d

ÉTAT des sommes déboursées pour frais de course et d'exprès pendant le mois
d 187 .

DATE		NUMÉROS DES DÉPÊCHES.	BUREAU TÉLÉGRAPHIQUE de départ (1).	LIEU de DESTINATION réelle.	DISTANCE EN KILOMÈTRES.	SOMMES PAYÉES.	ÉMARGEMENTS.	NOMS et PRÉNOMS.	SOMMES PERÇUES sur les destinataires.
du DÉPÔT au bureau d'origine.	de la REMISE à domicile.								
						fr. c.			fr. c. J. A I, n° Bord. C, n°
							le		fr. c. J. A I, n° Bord. C, n°
							le		fr. c. J. A I, n° Bord. C, n°
							le		fr. c. J. A I, n° Bord. C, n°
							lo		fr. c. J. A I, n° Bord. C, n°
							e		fr. c. J. A I, n° Bord. C, n°
							le		fr. c. J. A I, n° Bord. C, n°
							le		fr. c. J. A I, n° Bord. C, n°
							le		fr. c. J. A I, n° Bord. C, n°
							le		fr. c. J. A I, n° Bord. C, n°
							le		fr. c. J. A I, n° Bord. C, n°
							le		fr. c. J. A I, n° Bord. C, n°
							le		fr. c. J. A I, n° Bord. C, n°
							le		fr. c. J. A I, n° Bord. C, n°

(1) Signaler les dépêches internationales recommandées portant
le mention : *Exprès payé.*

NOTA. Indiquer les noms ou qualités des expéditeurs et desti- À reporter,
nataires des dépêches officielles.

Juillet 1870. — Imprimés. — Modèle n° 330. 2

DATE		NUMÉROS DES DÉPÊCHES.	BUREAU TÉLÉGRAPHIQUE de départ.	LIEU de DESTINATION réelle.	DISTANCE EN KILOMÈTRES.	SOMMES PAYÉES.	ÉMARGEMENTS.	NOMS et PRÉNOMS.	SOMMES PERÇUES sur les destinataires.
du DÉPÔT au bureau d'origine.	de la REMISE à domicile.								
						Report....	fr. c.		
							le		fr. c. J. A I, n° Bord. C, n°
							le		fr. c. J. A I, n° Bord. C, n°
							le		fr. c. J. A I, n° Bord. C, n°
							le		fr. c. J. A I, n° Bord. C, n°
							le		fr. c. J. A I, n° Bord. C, n°
							le		fr. c. J. A I, n° Bord. C, n°
							le		fr. c. J. A I, n° Bord. C, n°
							le		fr. c. J. A I, n° Bord. C, n°
							le		fr. c. J. A I, n° Bord. C, n°
							le		fr. c. J. A I, n° Bord. C, n°
							le		fr. c. J. A I, n° C, n°
						TOTAL............			

Vérifié et arrêté :

A   , le   187 .

L'Inspecteur,

Certifié le présent état, montant à la somme de

payée aux parties prenantes ci-dessus désignées.

A   , le   187 .

Le

(Instruction. — Art. 78.)

MINISTÈRE
DE
L'INTÉRIEUR.

ADMINISTRATION
DES
LIGNES
TÉLÉGRAPHIQUES.

PRODUITS.

(G)

EXERCICE 187 .

CHAPITRE   .
DÉPENSES SPÉCIALES DE LA TÉLÉGRAPHIE PRIVÉE.

DÉPARTEMENT d

BUREAU d

État des sommes déboursées pour affranchissement et chargement de dépêches privées pendant le mois d   187 .

DATES		NUMÉROS des dépêches.	LIEU DE DÉPART.	LIEU DE DESTINATION.	SOMMES.	OBSERVATIONS. (Signaler dans cette colonne les dépêches internationales recommandées et les dépêches intérieures portant la mention de chargement.)
DU DÉPÔT au bureau d'origine.	DE LA MISE à la poste au bureau d'arrivée.				fr. c.	
				A reporter....		

* Fixer ici les bulletins de chargement, classés par ordre de date.

DATES		NUMÉROS	LIEU	LIEU	SOMMES.	OBSERVATIONS.
DU DÉPÔT au bureau d'origine.	DE LA MISE à la poste au bureau d'arrivée.	des dépêches.	DE DÉPART.	DE DESTINATION.		(Signaler dans cette colonne les dépêches internationales recommandées et les dépêches intérieures portant la mention de chargement.
				Report.......	fr. c.	
				TOTAL.......		

VÉRIFIÉ ET ARRÊTÉ :

A   , le   187 .

L'Inspecteur,

CERTIFIÉ le présent état montant à la somme de

A   , le   187 .

Le

Instruction. — Art. 78.)

MINISTÈRE
DE
L'INTÉRIEUR.

ADMINISTRATION
DES
LIGNES
TÉLÉGRAPHIQUES.

PRODUITS.

DÉPARTEMENT d

MODÈLE M.

DEMANDE DE DISTANCE.

Bureau de départ :
N° du rôle :
N° du journal des recettes en numéraire :
Date :
Bureau d'arrivée :
Lieu de destination :

fr.   c.   fr.   c.

Somme perçue : { 1° pour taxe.....   } Total
{ 2° à titre d'arrhes.

L'expéditeur, M
désire que la liquidation des arrhes soit opérée par le bureau d
et que l'avis relatif à cette liquidation
lui soit adressé à
rue   n°
A   , le   187 .

A M. le Chef du bureau d

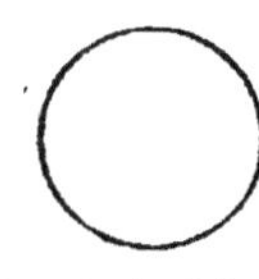

OBSERVATIONS (1)

RÉPONSE.

La distance de   à
est de   kilomètres
A   , le   187 .
L

A Monsieur le

(1) Faire connaître, s'il y a lieu, les causes pour lesquelles il n'a pu être donné suite aux indications de
l'adresse. — Dans tous les cas, inscrire la distance demandée.

(Instruction. — Art. 47.)

Imprimés. — Modèle n° 339.

MINISTÈRE
DE L'INTÉRIEUR.

ADMINISTRATION
DES
LIGNES TÉLÉGRAPHIQUES.

DÉPARTEMENT d_______________________

BUREAU d_______________________

REGISTRE DES REMBOURSEMENTS.

(N°__________.)

Commencé le____________________

Terminé le_____________________

Le présent registre, contenant_______________________ feuillets, celui-ci
non compris, dont le premier et le dernier parafés par le soussigné, a été remis
le ______________________ à M.__________
pour le service du bureau d_______________________

L'Inspecteur du département,

REMISE DE SERVICE.

NOMS DES COMPTABLES		SIGNATURES DES COMPTABLES		DATE DE LA REMISE du service.	VISA DE L'INSPECTEUR du département. (Date et signature.)
ENTRANT.	SORTANT.	ENTRANT.	SORTANT.		

F° 1.

BUREAU   ANNÉE 187 .

d

REMBOURSEMENTS.

Mois d

NUMÉROS		BUREAUX de		DATE D'ORIGINE.	NOMS et DEMEURES des parties prenantes.	MONTANT des REMBOURSEMENTS.	ÉMARGEMENTS des PARTIES prenantes.	DATES des PAYEMENTS.	PIÈCES SUR LE VU desquelles les payements ont été effectués, ou explication sommaire des motifs du remboursement.
D'ORDRE du mois.	des DÉPÊCHES.	DÉPART.	DESTINATION.						
1	2	3	4	5	6	7	8	9	10
					Report..	fr. c.			
					A reporter...........				

RÉCAPITULATION PAR MOIS ET PAR ANNÉE.

	ANNÉE 187 .		ANNÉE 187 .		ANNÉE 187 .		ANNÉE 187 .		ANNÉE 187 .		ANNÉE 187 .		ANNÉE 187 .		ANNÉE 187 .	
	fr.	c.	fr.	c.	fr.	c.	fr.	c.	fr.	c.	fr.	c.	fr.	c.	fr.	c.
Janvier............																
Février...........																
Mars.............																
Avril.............																
Mai.............																
Juin.............																
Juillet...........																
Août.............																
Septembre																
Octobre...........																
Novembre.........																
Décembre.........																
Totaux par année..																

TÉLÉGRAPHIE.

Côté de

Voie

Fil

Appareil

Bureau d

Séance du   187 .

Procès-verbal n°

Place réservée à l'*indice* des communications directes avec l'étranger.

DÉPÊCHES REÇUES	DÉPÊCHES TRANSMISES.
d'un bureau français	à un bureau français ....
d'un bureau étranger	à un bureau étranger ....
Total...	Total...

STATION		HEURES de trans-mission.		STATION DESTINATAIRE. DE DÉPART. DEMANDES de COMMUNICA-TIONS directes et autres transmissions de service.	Numéro des dépêches privées et heure télégraphique des dépêches officielles.	NOMBRE DE MOTS.	TAXES appliquées aux dépêches de départ.		NATURE DES DÉPÊCHES			OBSERVATIONS Répéter ici les indications : Poste à... — Exprès à... — Estafette à.. — Recommandée. — Accusé de réception payé. Dont réponse payée... mots. — Réponse payée au n°... — Retour du n°. — Copies supplémentaires. — etc.	COLONNES réservées à L'ADMINISTRATION centrale. Comptabilité internationale.	TAXES DUES	
de laquelle on reçoit.	à laquelle on transmet.	Commencement.	Fin.				Intérieures.	Internationales.	de départ.	de passage.	d'arrivée.		Numéros aux comptes mensuels.	par la France.	à la France.
1	2	3	4	5	6	7	8	9	10	11	12	13	14	15	16
1														fr. c.	fr. c.
2															
3															
4															
5															
6															
7															
8															
9															
10															
11															
12															
13															
14															
15															
16															
17															
18															
19															
20															
21															
22															
23															
24															
25															

(Instruction. — Art. 79.)

Imprimés. — Modèle n° 305.

**MINISTÈRE
DE L'INTÉRIEUR.**

ADMINISTRATION
des
LIGNES TÉLÉGRAPHIQUES.

PRODUITS.

— **C bis.** —

DÉPARTEMENT d

BUREAU d

*BORDEREAU RÉCAPITULATIF du service privé pour la semaine
du   au*

N°

Imprimés. — Modèle n° 316 *bis.*

NOTA. Ce bordereau est adressé sans lettre d'envoi, le lundi de chaque semaine, à l'inspecteur du département.

Lorsque le dernier jour du mois ne tombe pas le dimanche, il est établi deux bordereaux pour la semaine qui comprend cette date : l'un, partant du lundi à la fin du mois, est envoyé immédiatement après sa clôture; l'autre, du premier jour du mois suivant au dimanche inclus, est envoyé le lundi.

Les procès-verbaux sont joints aux bordereaux correspondants.

(Instruction. — Art. 80.)

SITUATION HEBDOMADAIRE à reporter

SEMAINE du au 187 .	DÉPÈCHES DE DÉPART.				DOIT.
	NOMBRE.		TAXES PERÇUES.		TOTAL des col. 4 et 5.
	Intérieures.	Internationales	Intérieures.	Internationales	(Journal A-1.)
1	2	3	4	5	6
Lundi...............					
Mardi..............					
Mercredi..........					
Jeudi.............					
Vendredi..........					
Samedi					
Dimanche..........					
Rappel des totaux généraux du précédent bordereau........					
TOTAUX GÉNÉRAUX..					

RENSEIGNEMENTS SUR LES RECETTES DIVERSES.

	fr.	c.

NOTA. Comprendre dans les totaux journaliers des colonnes 4 et 5 les recettes diverses, suivant qu'elles concernent le service intérieur ou le service international.

jour par jour au carnet D.

AVOIR.		OBSERVATIONS.	DÉPÊCHES
REMBOURSE-MENTS et non-valeurs.	VERSEMENTS.	Motifs et détails des remboursements. Indications sur les réponses payées transmises par le bureau. Date et numéro de la quittance de versement.	D'ARRIVÉE.
(Reg. 344.)	(Livret K.)		Nombre.
7	8	9	10

RÉCAPITULATION ANNUELLE.

		fr.	c.

Doit. (Total de la colonne 6 ci-dessus).......................   fr.   c.

Avoir. { (Total de la colonne 7 ci-dessus...............
{ (Total de la colonne 8 ci-dessus................

Existant en caisse le { 1° En espèces ....
dimanche soir... { 2° En pièces de dépenses. (États F. G.).

A   , le   187 .

L'Employé,

MINISTÈRE DE L'INTÉRIEUR.

ADMINISTRATION DES LIGNES TÉLÉGRAPHIQUES.

DÉPARTEMENT d

BUREAU d   (1)

PRODUITS

(D.)

ÉTAT

DES RECETTES ET DES VERSEMENTS

EFFECTUÉS

PENDANT LE MOIS D   187 .

DÉPÊCHES EN COMPTE ((2)   .)

(Instruction art. 81.)

(1) Mettre selon le cas : *Municipal* ou *Sémaphorique*.
(2) ——————————— *Néant* ou *État annexé*.

Mois d

DATES.	DÉPÊCHES DE DÉPART.				DOIT.	AVOIR.	
	NOMBRE.		TAXES PERÇUES.		TOTAL des colonnes 4 et 5.	REMBOURSEMENTS et non-valeurs.	VERSEMENTS.
1	Intérieures.	Internationales.	Intérieures.	Internationales.	(Journal A-1.)	(Reg. n° 344.)	(Livret K.)
1	2	3	4	5	6	7	8
1							
2							
3							
4							
5							
6							
7							
8							
9							
10							
11							
12							
13							
14							
15							
16							
17							
18							
19							
20							
21							
22							
23							
24							
25							
26							
27							
28							
29							
30							
31							
TOTAUX { du mois.							
antérieurs.							
GÉNÉRAUX.							

187 .

<table>
<tr><td>

OBSERVATIONS.
Indiquer dans cette colonne les numéros des bulletins de remboursements joints au présent état, et mentionner les remboursements effectués d'office. Renvoyer les bulletins de remboursements non effectués dans un délai de trois mois. (Circ. n° 161.)

9

</td><td>

SITUATION MENSUELLE DE LA CAISSE.	RECETTES ou DOIT. 10	DÉPENSES ou AVOIR. 11
Solde antérieur........................		
Recettes. (Total du mois, col 6.)...........		//
Remboursements et non-valeurs. (Total du mois, col. 7.).......................	//	
Versements. (Total du mois, col. 8.)........	//	
Totaux du mois d ...		
fr. c.		
Solde en { 1° espèces......... 2° pièces de dépenses.		

SITUATION ANNUELLE DE LA CAISSE.	RECETTES ou DOIT. 12	DÉPENSES ou AVOIR. 13
Recettes. (Totaux généraux, col. 6.)........		//
Remboursements et non-valeurs. (Totaux généraux, col 7.).....................	//	
Versements. (Totaux généraux, col. 8.)....	//	
Totaux pour l'année...........		
Solde................		

</td></tr>
</table>

Certifié par le soussigné le présent état donnant au total (col. 6) des recettes effectuées pendant le mois d
une somme de

A , le 187 .

Le Comptable des recettes,

Vu :
L'Inspecteur,

MUTATIONS DE COMPTABLES.

Le   187   , à   heure
minutes du   , M.   , comptable sortant,
a remis à M.   , comptable entrant, qui l'accepte,
la caisse du bureau d   comprenant une somme
de

SAVOIR :

fr.   c.

En caisse, à l'ouverture, d'après le carnet D....................
Recette du jour, d'après le journal à souche n°   , compris....

TOTAL...............................

Dont :

En billets de banque....................................
En or ....
En argent...
En billon...
Pièces de dépenses à verser pour comptant....................

TOTAL ÉGAL..............................

Le Comptable sortant,   *Le Comptable entrant,*

<table>
<tr><td>

**MINISTÈRE
DE L'INTÉRIEUR.**

**ADMINISTRATION
des
LIGNES TÉLÉGRAPHIQUES.**

PRODUITS.
(**H.**)

</td><td>

ANNÉE 187 .

*ÉTAT des recettes effectuées pendant le mois d
187 , par M.   , comptable des
recettes du bureau d   et situation d
au   dudit mois.*

</td><td>

DÉPARTEMENT
d

BUREAU

</td></tr>
</table>

	DÉPÊCHES DE DÉPART.				DOIT.	AVOIR.			
DATES.	NOMBRE.		TAXES PERÇUES.		TOTAL des col. 4 et 5.	REMBOURSE- MENTS , non-valeurs	VER- SEMENTS.	OBSERVATIONS
	Inté- rieures.	Inter- nationales	Inté- rieures.	Inter- nationales	(Jour. A-1.)	(R. n° 344.)	(Livret K)	
1	2	3	4	5	6	7	8	9
Der. j. du mois précéd.								
1								
2								
3								
4								
5								
6								
7								
8								
9								
10								
11								
12								
13								
14								
15								
16								
17								
18								
19								
20								
21								
22								
23								
24								
25								
26								
27								
28								
29								
30								
Dern. versement du m.	"	"	"	"	"	"	"	
Totaux { du mois....								
antérieurs...								
généraux....								

Janvier 1872. — Imprimé. — Modèle n° 320.

SITUATION AU   187 .

	MOIS COURANT. 10	MOIS ANTÉRIEURS. 11	TOTAUX À LA FIN DU MOIS D 12
Recettes (col. 6.)........................			
Remboursements à déduire (col. 7.)........			
*Reste net.............................			
Versements (col. 8.).....................			

Solde en caisse à la fin du mois d   ...} Numéraire...............
Pièces de dépenses (F. et G.).

*NOTA. En cas d'excédant de dépenses pen-
dant le mois, la somme formant cet excédant
devra être inscrite à l'encre rouge.

(Instruction, art. 74.)

CERTIFIÉ : A   , le   , 187 .

Le Comptable des recettes,

◆RECETTES EN NUMÉRAIRE CONTRE RÉCÉPISSÉS.◆

MINISTÈRE DE L'INTÉRIEUR.

ADMINISTRATION
des
LIGNES TÉLÉGRAPHIQUES.

—

PRODUITS.

(I)

Numéro d'ordre :

—

Numéro du récépissé :

—

Janv. 1872. — Imprimé. — Mod. n° 322.

(Instruction, art. 73.)

Du   187 .

BULLETIN

DE VERSEMENT

De la somme de

par M.   , comptable des recettes

du bureau télégraphique de

sur les produits de la télégraphie privée,

période du

au

Certifié par la partie versante,

RECETTES EN NUMÉRAIRE.

fr.	c.

PERCEPTION ou RECETTE d

—

Numéro du récépissé :

—

PARTIE VERSANTE :

Le comptable des recettes du bureau télégraphique

de

DÉTAIL DES VALEURS VERSÉES.

		fr.	c.
	de 1,000^f............		
	de 500............		
	de 200............		
Billets de banque.	de 100............		
	de 50............		
	de 25............		
	de 20............		
	de 10............		
	de 5............		
Or............			
Argent...	sacs de 1,000^f 10e...		
	pièces de 5^f........		
	Monnaie............		
Appoint............			
Pièces de dépense.. { F. G.			
TOTAL............			
A rendre............			
Reçu par l'agent du Trésor........			

MINISTÈRE
DE L'INTÉRIEUR.

PRODUITS.

DÉPARTEMENT
d

BUREAU
d

(*) Receveur des finances
ou percepteur.

ADMINISTRATION

DES LIGNES TÉLÉGRAPHIQUES.

LIVRET

Des versements faits à la caisse du (*)

par le bureau télégraphique

d

VERSEMENTS.		SOMMES EN TOUTES LETTRES ET SIGNATURE DU COMPTABLE à qui sont faits les versements.	SOMMES EN CHIFFRES.
DATES.	NUMÉROS.		
		A reporter..............F.	

(Instruction, art. 75.)

Août 1869. — Imprimés. — Modèle n° 323.

VERSEMENTS.		SOMMES EN TOUTES LETTRES ET SIGNATURE DU COMPTABLE à qui sont faits les versements.	SOMMES EN CHIFFRES.
DATES.	NUMÉROS.		
		Report..............F.	
		TOTAL..............F.	

ARRÊTÉ le présent livret, le   187 .

A   , le

(*) Receveur des finances
ou percepteur.

Le (*)

MINISTÈRE
DE L'INTÉRIEUR.

ADMINISTRATION
DES
LIGNES
TÉLÉGRAPHIQUES.

(E.)

DÉPARTEMENT d⸺

BUREAU TÉLÉGRAPHIQUE D⸺

M. le Receveur des finances d⸺ est informé que le Chef du bureau télégraphique d⸺ a versé ce jour, au titre *Recettes diverses. — Produits de la Télégraphie privée, année 187⸺*, à la caisse de M. le Percepteur d⸺ qui lui en a délivré un récépissé à souche n°⸺, la somme de ⸺

(⸺ f ⸺ c)

A⸺, le⸺ 187⸺.

Le Comptable des recettes,

Instruction générale du Ministre des finances du 20 juin 1859.

ART. 322. — Lorsqu'il n'existe pas de receveur des finances dans le lieu où est établi un bureau du télégraphe , le chef de ce bureau verse le produit de ses recettes à la caisse du percepteur, et il donne immédiatement avis de chaque versement au receveur des finances ; il envoie à la direction des lignes télégraphiques la quittance à souche qui lui est délivrée.

(Instruction, art. 77.)

A Monsieur le

MINISTÈRE
DE
L'INTÉRIEUR.

ADMINISTRATION
DES
LIGNES
TÉLÉGRAPHIQUES.

PRODUITS.
(J.)

ANNÉE 187 .

DÉPARTEMENT d

BUREAU d

ÉTAT récapitulatif des Recettes et Versements du bureau pour l'année 187 .

MOIS.	DÉPÊCHES DE DÉPART.				DOIT.	AVOIR.	
	NOMBRE.		TAXES PERÇUES.		TOTAL des col. 4 et 5.	REMBOURSEMENTS et non-valeurs.	VERSEMENTS.
	Intérieures.	Inter-nationales.	Intérieures.	Inter-nationales.	(Journal A-1.)	(Registre n° 344.)	(Livret K.)
1	2	3	4	5	6	7	8
Janvier....							
Février....							
Mars......							
Avril......							
Mai.......							
Juin......							
Juillet.....							
Août......							
Septembre..							
Octobre. ...							
Novembre..							
Décembre..							
Totaux de l'année....							

VU pour constatation du nombre des dépêches transmises, du nombre de mots de chaque dépêche, de l'application exacte des tarifs et des remboursements effectués.

A Paris, le   187 .

Le Directeur de l'Administration des lignes télégraphiques,

RÉSUMÉ.   fr.   c.

DOIT... | Montant des recettes de l'année (col 6)..

AVOIR.. { Remboursements effectués pendant l'année (col. 7)....
Versements de l'année (col. 8). }

D'où résulte balance..............

CERTIFIÉ le présent état constatant, pour l'année 187 , un produit net de égal aux versements.

A   , le   187 .

VÉRIFIÉ :   *Le Comptable des recettes*

L'Inspecteur du département,

(Instruction, art. 82.)

TABLE PAR ORDRE DES MATIÈRES.

TABLE ALPHABÉTIQUE DES MATIÈRES.

C

D

E